「問い」から開く探究の扉

宮城学院女子大学「探究」研究会
今林直樹 編著

大学教育出版

まえがき

　今から128年前の1895年，当時，16歳だった一人の少年が次のような"問い"を立てたそうです．"もし，光の速度で光を追いかけたとしたら，そのとき，光はどのように見えるだろうか."これはある人物の有名なエピソードですが，少し物理をかじった者からすれば，この"問い"は速度の合成則で簡単に説明できるのではないかと考えてしまいます．ところが，この"問い"はそれほど簡単なものではありませんでした．なぜなら，それは"光とは何か"という，物理学が正面から取り組まなければ解けない，人類史上，最も難解な問題だったからです．

　問いを発した少年の名前はアルバート・アインシュタイン．言わずと知れた20世紀最大の天才物理学者です．アインシュタインが開いた探究の扉は，やがてアイザック・ニュートン以来の近代物理学に終止符を打ち，相対性理論と量子力学を2本の柱とする現代物理学の幕を開けることになりました．その形成過程はまさに"問い"と"検証"の連続だったといえるでしょう．

　物理学に限らずとも，私たちは日常生活の中で常に何かを問い，答えを探り続けていると言えるでしょう．大学生活においては，それは答えを求める"探求"ではなく，答えを究める"探究"という知的営為です．しかし，その過程は必ずしも順風満帆なものではありません．学生からすれば問いを立てること自体が困難に感じられるかもしれません．問いを立てたとしてもそれが適切な問いであるとは限りません．問いがしっかりとしていなければ答えを究めることができないかもしれないのです．それは，換言すれば，"問いとの知的格闘"ともいえるでしょう．

　私たちは大学の教員として，授業を通じて学生たちが"問いとの格闘"に悩む姿を見てきました．そこには私たちの現在に至るまでの歩みと重なるものがありました．私たちも同じく"問いとの格闘"に悩み，壁にぶつかっては，すべて

を放棄したくなる気持ちになりながらも問いを立て直して格闘を続けてきたのです．続けることができたのは問いを究めたその先に言葉では言い表し難い自己達成感があるからです．

学問とは"学んで問う"ことです．学問にとって"問う"ことが最も重要であるといえるかもしれません．まさに"問う"ことによって学問という探究の扉が開かれるのです．冒頭で紹介したアインシュタインの問いは，当時の人びとにとって荒唐無稽，あるいは意味不明なものだったかもしれません．しかし，アインシュタインは丁寧にこの問いを解決していきました．そして，その先にニュートン以来の近代物理学を乗り越える新たな地平が開かれたのです．

本書のタイトルは『「問い」から開く探究の扉』です．このタイトルを念頭に置きつつ，あらためて"人間とは何か"という"問い"を立ててみると，"人間とは「問い」を発する動物である"と言えるような気がします．と同時に，それは"人間とは「答え」を探究する動物である"ということにもなります．本書には"問い"を立て，いくつもの壁にぶつかりながらも決してあきらめることなく"答え"を見つける格闘を続けてきた教員の"探究"のプロセスがそれぞれの学問領域を事例にして語られています．

序章は「VUCA / AI の時代に求められる大学教育とは？」（執筆者　末光眞希）です．本章は本書の幕開けとして，AI と共存するというこれまでに人類がまったく経験してこなかった新たな時代に生きる私たちにとって必要な"教養"とは何かを問うています．それは単なる知識の集積とは異なる新しい"教養"であり，先行きが不透明な現代を生きるためのヒントとなるものでもあります．

第1章は「卒業研究に取り組むとはどういうことか？　―研究の作法―」（執筆者　田中一裕）です．私たち教員はとかく研究の結果を語りたがりますが，"問い"から始まるその過程についてはあまり語ることがありません．成功の喜びとともに失敗の悲哀も含めて，本章は生物学を事例に研究のプロセスを具体的に示しています．

第2章は「地方ミッション系女学校はなぜ創られたのか？　―宮城学院を事例として―」（執筆者　小羽田誠治）です．本章では宮城県仙台市にある宮城学院を事例として，"問い"を"検証"する実証的プロセスを示しています．換言すればそれは"論理的思考"の軌跡を具体的に示しているといってよいでしょう．

　第3章は「どうして私は研究しているのか？ ─ 日本社会とキリスト教・宗教の関係を探究し続けて ─ 」（執筆者　松本周）です．この世の中には人の数だけ人生があります．ある人がなぜその道を選んだのかという"問い"はその人の人生を明らかにすることです．本章は自伝的に人生を振り返りながら"研究すること"を選ぶに至った過程を示しています．

　第4章は「スポーツと科学が出会うと何が起こるか？」（執筆者　渡辺圭佑）です．スポーツは競技者にとっても観戦者にとっても魅力的です．しかし，観戦者と違って競技者は自己ベストを更新するために，あるいはチームの勝利に貢献するために"壁"を乗り越え続けなければなりません．それはスポーツが科学と出会うことによって可能になります．本章は執筆者自身の体験を踏まえて"スポーツ科学"の魅力を探究しています．

　第5章は「なぜシンデレラはガラスの靴を履いているのか？　─ 小さな問いから始まる探究 ─ 」（執筆者　栗原健）です．誰もが一度は耳にしたであろうシンデレラの物語．しかし，なぜ「ガラスの靴」なのでしょうか．本章はこの小さな問いから"物語"を丁寧に読み解き，"物語"のその先にある大きな世界へと読者の皆さんを誘います．

　第6章は「他国から"みる"とはどういうことか？」（執筆者　戸野塚厚子）です．人間は旅する動物です．それはその人が背負ってきた文化を伴った旅です．旅先で見聞した異文化は新鮮です．そこから"比較"の視点が生まれます．本章は執筆者がスウェーデンへの旅から得た比較の視点を駆使して教育という大切な営みを探究しています．

　第7章は「ブルターニュはフランスではないのか？　─ 地方から見る"もう1つのフランス" ─ 」（執筆者　今林直樹）です．本章は執筆者がフランスのブルターニュ地方への旅で得た気づきから問いを立て，それを検証するプロセスを示しています．紹介される様ざまなエピソードは，"問い"が生まれるヒントが身近にあることを示してくれます．

　終章は「探究は難しいのか？」（執筆者　小羽田誠治）です．序章からスタートした探究という知的営為のクライマックスです．執筆者は"探究は難しいのか？"とあらためて問うています．果たして読者の皆さんの見解はいかがでしょうか．

　繰り返しになりますが，人間は"問う動物"であり，"答えを究める"動物です．そして，学問とは"学んで問う"ことです．この知的営為を私たちは"探究"と呼びたいと思います．"がくもん"はまた"楽問"でもあります．"楽しく問う"という探究を，本書を通じて，感じてほしいと思います．ただし，"楽問"は"らくもん"ではありません．"楽して答えを得ようとする態度"は私たちが目指す「探究」とは真逆の位置にあります．

　皆さんが"学んで問う""楽しく問う"ことに本書が少しでも寄り添うことができるならば幸いです．さあ，一緒に探究の扉を開けましょう！

執筆者を代表して　今林直樹

読書案内

■小山慶太『神さまはサイコロ遊びをしたか』講談社　1997 年

　ニコラウス・コペルニクスからニュートンを経てアインシュタインへと至る物理学における宇宙論の発展過程を，科学者たちのさまざまなエピソードを交えながら興味深く示してくれます．何と言っても"光"の謎解きの歴史は圧巻です．ぜひ，"問い"と"検証"のすばらしい実例として御一読ください．難解な数式は出てこないので，数学が苦手な方も御安心を！

　また，同氏には夏目漱石の文学の中の科学を取り上げた『漱石とあたたかな科学—文豪のサイエンス・アイ—』（講談社，1998 年）もあります．こちらもお薦めです．

「問い」から開く探求の扉

目　次

序　章

VUCA / AI の時代に求められる大学教育とは？

末光　眞布

1. VUCA/AI の時代

　VUCA の時代と言われます．変動性を表す Volatility，不確実性を表す Uncertainty，複雑性を表す Complexity，曖昧性を表す Ambiguity の頭文字を取ったこの言葉は，私たちが今生きる不確実，不確定な時代の特徴をよく表しています．私たちは 2011 年から 2022 年の 10 年余りの中で，1000 年に一度の大震災，100 年に一度の感染症パンデミック，3 四半世紀ぶりの世界秩序の崩壊[1] を経験しました．そして 30 年以上の記録破りを定義とする異常気象[2] が毎年のように起こるのを見るにつけ，たしかに私たちは今 VUCA の時代を生きていると実感します．

　そこに人工知能（Artificial Intelligence：AI）がやってきました．とくに 2023 年になって急速に一般化した，大規模言語モデルに基づく生成型 AI である ChatGPT は，専門知識の探索はもとより，専門知識に基づいた判断においてさえ，AI が人間の能力に肉薄あるいは凌駕しつつある現実を私たちに見せつけました．日夜，一睡もしないで世界中の公開デジタル情報を読み続ける AI は，過去の事例と明確に定義されたルールに基づいて物事を判断することにおいて，人間よりはるかに短時間で，ある程度正しい"答え"を出します．会計業務や税務申告などの財務業務，カスタマーサポート，画像に基づいた医療診断，知識の伝達を主とする教育業務など，これまで高度の知的労働と考えられてきた職種の中にすでに AI が入りこんできています．AI 関連の新たな職業が生まれる可能性も含め，AI がこれからの職業地図を大きく塗り替えることは間違いありま

せん. 私たちは VUCA/AI の時代をすでに生きているのです.

2. VUCA/AI の時代の大学教育 ―― 深く掘る専門／繋がる力の教養

　こうした時代に大学に求められる教育とは何でしょうか. これまで通りのしっかりとした専門教育が大切であることは言うまでもありません. 不確実な時代だからこそ自分の専門をしっかりと確立し, 自分の立ち位置をはっきりさせる必要があるからです.

　しかし専門性だけではこの VUCA/AI の時代を生き抜けない事も, また確かなことです. 三つ理由があります. 第一は上に述べた AI の出現です. これまで専門性と言えば, その分野の広汎な知識と法律的知識に精通し, かつ, それらに基づいて合理的判断を下せる能力のことを指していました. しかし上に述べた通り, このような領域においてもはや人間は AI にかないません. 第二は VUCA/AI 時代が直面する課題の複雑さです. 解くべき課題には複数の分野が複雑に絡み合っており, とうていこれを一分野の専門知だけで解くことが出来ません. 第三は, そうした複雑な課題が, VUCA の定義がそうであるように, "想定外" のものであるということです. 専門家も含め, 誰も答えを知らないのです.

　こうした VUCA/AI の時代を生きる私たちに求められる能力は, 繋がる力, 繋げる力です. 自分の専門にしっかりと立ちながら, 他の専門分野と対話できる力（繋がる力）, 他の専門分野同士を繋げる力です. 繋がるまでには時間がかかりますから, 待つ力も必要です. 答えが見えない曖昧な状況に耐えながら（曖昧耐性）問い続け, 答えが降ってくるのを待つ力です. こうした力はこれまでの"専門知"を俯瞰する力ですから, メタ専門知 [3] ということができるでしょう. このメタ専門知を本書では "新しい教養" と呼びたいと思います. なぜ "教養" かと言えば, 教養は知識そのものではなく知識を獲得する "知の技法" だからです. なぜ "新しい" かと言えば, "博識" を目的としていたこれまでの教養と区別するためです. AI の時代, その気になればだれもが "博識" になることができます. "教養ある人" がこれからの時代も魅力的であるとすれば, それはその人の知識量ではなく, その人の繋がる力, 繋げる力にあるのです.

愛のある知性を.

急激に変化する世の中
これからどうなるのか
誰も答えを教えてくれない.

だからこそ，心に問いを持ちたい.
答えのない問いを問い続ける
勇気と知性を持ちたい.
明日を生きるのは私なのだから.

自分のことをもっと知りたい
あなたのことをもっと知りたい
私が問いを持つのは，あなたと共に生きたいから.

問うことは関心
問うことは愛
それが　私がここで見つけた
愛のある知性.

図序 -1　宮城学院女子大学のブランディングタグライン

　他者に対する関心そして理解を，人は古来，「愛」と表現してきました [4].
2021 年，宮城学院女子大学は，他者に対する関心を知の基盤に据えることを
「愛のある知性」という言葉にこめてブランディングタグラインを定めました
（図序 -1）．これこそは，同大学が考える "新しい教養" であり，これを具体的
に解説するのが本書の目的です.
　教養とは何か，についてはたくさんの人が論じていますが，加藤周一さんに
よる説明がとてもわかりやすいと思います [5]．教養は自動車文化に譬えられると
いうのです．自動車文化が成立するには，車の性能やドライビングテクニックを
追求するだけでなく，その車を操ってどこに行くかという考えが必要だ，この考
えこそが教養だと加藤氏は言います．私は約 10 年間，半導体研究者として日本
のものづくり産業の栄枯盛衰を見てきましたが，氏のこの説明に触れて，日本の
「失われた 30 年」は教養の欠如のためであったと腑に落ちたのです．日本は自
分たちの技術力を過信し，性能の良いものさえ作れば必ず売れると信じ，消費者
が求めるものに気づきませんでした．携帯電話で言えば，10 年壊れない携帯が
出来るまでは市場に出せないと考えて高価な機種を開発しました．新興国は一年
程度ですぐ壊れる安価な携帯を市場に出しながら現場の声を聴き続け，改良に改

良を重ねて急速に技術力を高めました．彼らは消費者が一台の携帯を 10 年も使わないことをよく知っていたのです．

　私たちが教養を軽視するようになった理由の一つに受験教育のひずみがあります．日本では高校の早い段階から文系と理系を分けて受験指導が行われます．しかしよく考えてみると文系と理系の区別はわかるようでわからない不思議なものです．人間に関わる学問が文系だと言えば，医学は文系になってしまいます．実際，哲学者の鷲田清一さんは，大阪大学の総長であったときに，「医者が治すのは病気ではなく病人である．だから医者にはヒューマンコミュニケーション能力が必要だ」と考え，医学部のカリキュラムに演劇を取り入れたのです．講師は劇作家の平田オリザさんでした [6]．

　一方，数学を使うのが理系だと言えば，経済学や社会学の一部は理系になってしまいます．よく論理的な理系と感性的な文系といいますが，こと学問に関する限り，逆だと私は思います．理系学問の特徴の一つは繰り返し実験を行える点にあるのですが（例外もあります），このとき研究者にとって一番必要な資質は，納得のいくまで実験を繰り返す忍耐力と情熱です．自然は常に論理的に振る舞いますから，研究者がことさら論理的であろうと努める必要はないのです．これに対し文系学問は実験が困難ですから（例外もあります），研究者の思考の論理性が命となります [7]．情熱の理系と論理の文系 —— これが学問における文系と理系の違いです．どうでしょう，文系・理系のイメージがだいぶ変わってきませんか？　文・理の垣根を取り除くことは "新しい教養" の大切な役目です．

▎3. "新しい教養" とは何か

　それでは "新しい教養" とは何かについて，もう少し具体的に考えていきましょう．国立国会図書館という，日本国内で発行されたすべての出版物が収められている図書館があります．この図書館の貸し出しカウンターの壁に「真理がわれらを自由にする」という言葉が銘板として掲げられています．この銘板の横にはギリシャ語の銘板があり，こちらには上とよく似た「真理はあなたたちを自由にする」という意味のギリシャ語が書かれています．こちらはヨハネによる福音書 8 章 32 節の言葉そのものです．日本の国立施設に聖書の言葉が掲げられてい

るのは面白いですね．この言葉を選んだ羽仁五郎という歴史学者は，「この言葉が，将来ながくわが国立国会図書館の正面に銘記され，無知によって日本国民が奴隷とされた時代を永久に批判するであろうことを，ぼくは希望する」と述べています．まだ戦火の記憶覚めやらぬ 1948 年に設立された国会図書館が，二度と愚かな戦争を起こさないために真実を知る場所を作ろう！　との思いから作られた心意気が伝わってきます．そしてこの心意気こそは，真理によって私たちを「奴隷」状態から解放する技法としての"リベラルアーツ（教養）"の本質をよく伝えるものです．

　VUCA/AI の時代に"新しい教養"が必要なのは，この時代に解くべき問いの答えを誰も知らないからです．"新しい教養"がまずもって目指すのは，長く問い続けるに値する良い質問を見つけることです．私の恩師，沢田康次先生 [8] の口癖は，「良い質問を持ちなさい．君が良い質問を自然に投げれば，自然はきっと良い答えを君に返してくれるだろう」でした．心に留めたい言葉です．

　では良い質問とは一体どんなものでしょうか．私は，（1）答えがわかると嬉しくなる問い，（2）自分の心をとらえて離さない問い，（3）誰も答えを知らない問い，（4）それさえわかればたくさんのことを説明できると思える問い――の四者を挙げたいと思います．

　大学で学ぶ皆さんは，まずは（1）の問いをたくさん持つよう心掛けてください．問題を解くには時間と努力が必要ですから，嬉しさというご褒美はとても大切です．そんな問いを問い続ける中から，やがて（2）の問いが見つかることでしょう．こうなればしめたものです．一生の問いとして，どうか大切に温めてください．

　一方，本書が想定する読者である学部学生の皆さんにとっては，研究室やゼミナールで行う卒業研究（卒研）において（3）の問いがとても大切です．私たちが思いつく研究テーマは，その多くが「それはあなたが知らないだけ」の問題 [9]，つまり解決済み問題です．それでは研究（探究）の名に値しません．研究（探究）では，どんな小さな問いでもよいから，誰も答えを出したことのない問題に取り組むことが大切です．最後に（4）の問いについてお話します．学問の中には長い歴史を生き残ってきた問いがあります．未解決問題と呼ばれるこれらの問いは，間違いなく良い質問です．未解決問題が長く問い続けられてきたの

は，それさえわかればたくさんのことを説明できる問いだったからに他なりません.

▌4.“良い問い”の見つけ方

良い問いを見つけるにはどうしたらよいのでしょうか.

たとえば卒論研究テーマとして良い問いを探すにはどうしたらよいのでしょうか. 二つのアプローチがあります.

一つは自分が関心を抱く分野において自分が抱く疑問を片端から挙げていき，その中から解決済み問題を排除していく方法です. 消去法です.

もう一つは，自分が関心を持つ分野ですでにわかっていることをコツコツと勉強し，脳裏に浮かんでくる疑問を掘りさげる方法です. コツコツ法です. どちらを選ぶかは研究分野によって異なりますし，何より皆さんの個性によります.

消去法において「それはあなたが知らないだけ」問題（解決済み問題）を潰すには，検索エンジンや AI が役立ちます. その上で生き残った疑問を友人，先輩，教員たちに聞いてもらいましょう. もしその人たちが，「それもあなたが知らないだけ」と言って先行研究を教えてくれたら心から感謝しましょう. 調べても，聞いても生き残る問いがあったとすれば，それは良い問いです.

コツコツ法には書物が役立ちます. 書物はインターネット情報[10]とは異なり，編集者や読者による厳しいチェックが入っていますから，はるかに信頼度が高いのです. 解決済み問題に取り組んで貴重な時間を無駄に過ごさないためにも，ぜひ本をたくさん読んでください.

じつは消去法も，消去作業の過程でコツコツ勉強しなければなりません. それは先行研究の勉強です. ネット，AI，友人，先輩，先生から先行研究について教わったら，必ずその概略を理解するよう努めてください. 場合によっては，「みんなは解決済みというけれど，自分はどうしても納得いかない」ということが出てくるかもしれません. この違和感こそは大きなチャンスです. みんなが解決済み問題と信じ切っている中，どうしても納得いかないと問い続け，大発見に至った例は数え切れません.

‖ 5.　対話の効用

　"問い"の多くは感動と違和感・疑問から生まれます．不思議だなと思う感動，何か腑に落ちないなという違和感，これらが問いの出発点です．けれど感動や疑問だけでは，まだ"問い"とは呼べません．"問う"ためには問う対象を明確にする必要があります．

　"問う対象"を明確にするには，自分の抱いた感動や疑問をほかの人と共有することが役に立ちます．答えをもらうためではなく，ただ話を聞いてもらうためです．人に話すと（1）自分が何を知りたいか，そして，（2）その答えが持つ価値，がはっきりしてきます[11]．「それがわかって何が面白いの？」「それがわかって何の役に立つの？」と言われたら感謝しましょう．

　逆に，もしあなたの友人があなたに自分の感動や疑問を話してくれたら，ぜひ関心を持って聞いてあげてください．あなたの共感が語り手を勇気づけ，疑問を問いへと昇華させる大きな手助けとなります．共有相手として自分自身を選ぶことも可能です．自問自答です．その場合，もう一人の自分は"他者"として自分と向き合っています．「末光眞希よ，お前は一体何が知りたいのだ！」と自分にツッコミを入れるもう一人の自分は，他者として振る舞うことによってその役割を果たしています．数学者が黒板を手放せないのは，考えを黒板に書くことによって，自分がもう一人の自分になれるからでしょう．"問い"を見つけるには"他者"の存在が不可欠です．

　他者との関係性で大切なことは対話（ダイアローグ）を行うことです．対話と似て非なるものに討論（ディベート）があります．先にも述べた平田オリザさんは両者の違いを，討論では話す前と後で考えが変わったほうが負け，対話では，話す前と後で考えが変わっていなければ意味がない，と説明します[12]．討論も"問う"わけですが，それは相手の論理矛盾を突くための手段としての問いです．良い質問を見出すために大切なのは討論ではなく対話です．

　討論と対話の違いは，問う相手が人間なのか（討論），事柄なのか（対話）の違いです．討論は相手を論破することが目的ですから，問う相手は人間（論争相手）です．しかし対話の目的は二人で一緒に真理にたどりつくことですから，問

うのは人間ではなく事柄です．研究（探究）の問いの相手も事柄です．日本語は対話が難しい言葉です．それは日本語の会話の多くが，会話する二人の上下関係を前提として成立するからです．会話者に上下関係があると，そこで話される問いが単なる問い以外の意味を持つ傾向があります．"目上"が"目下"に質問すると，それは詰問になりがちです．「君はなぜこのテーマを選んだの？」と先生に聞かれたら，学生は「先生は私が選んだこのテーマに反対なんだ」と思います．"目下"が"目上"に質問すると反逆と取られかねません．「コーチはなぜこの作戦を選ぶのですか？」と選手が聞いたら，反抗していると思われることでしょう．皆さんはぜひ大学で，上下関係にバイアスされないフラットな対話の技法を学んでください．大学教員の方は，ぜひ学生との会話が対話となるよう心掛けてください．

　日本語の会話では，二人の話者の上下関係をはっきりさせないと何となくしっくりいきません．それは日本語の会話が，事柄ではなく人を見て行われるからです．皆さんは日本語の"はい／いいえ"が英語の"YES ／ NO"と対応しないことに気付いて困惑したことはありませんか？　私がそうでした．悩んだ末にわかったことは，日本語の答えは"問いを発した人"に向けられるのに対し，英語の答えは"問いそのもの"に向けられるという違いでした．人を見るか事柄を見るか．キャッチボールに譬えれば，相手を見る（日本語）か，ボールを見る（英語）かの違いです．日本語の応答は相手に向けられるので「いいえ」と言いにくいのです．意見を発した相手の否定につながる契機を持つのです．英語では意識が"意見（ステートメント）"という事柄そのものに向くので，NO と発語することにそれほど抵抗がありません．日本語より英語のほうが議論しやすいと感じることがありますが，その理由はこういうところにあります．

‖ 6. 良設定問題と不良設定問題

　未解決問題についてもう少し考えを進めましょう．皆さんは良設定問題／不良設定問題という言葉をお聞きになったことがあるでしょうか．情報科学の言葉です．答えが一つあって一つしかない問題，これが良設定問題です．入学試験の筆答試験がまさにそうです．入試問題を作る先生方は，自分たちの作った問題が

答えが一つあって一つしかない

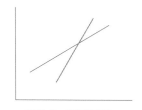

図序 -2　良設定問題

（a）答えが存在しない　　　（b）答えが一つに決まらない

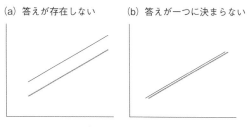

図序 -3　不良設定問題

必ず答えを一つ持ち，そして答えが一つしかない問題であるかどうかを真っ先に
チェックします．皆さんは中学の数学で，異なる二直線は必ず一点で交わり，か
つ交点は一つしかないということを学んだと思います（図序 -2）．良設定問題は
これと似ています.

　これに対し不良設定問題とは，答えがない問題，あるいは答えが一つに決ま
らない問題です．直線の譬えで言えば，前者は二直線が平行な場合（図序 -3
(a)）に相当します．二つの直線は決して交わらず，交点，つまり答えがありま
せん．一方，二直線が完全に一致する場合（図序 -3 (b)），二直線のいたると
ころが交点（答え）になり答えが一つに決まりません．私たちの社会が解決すべ
き課題のほとんどが，こうした不良設定問題であることは，よくおわかりいただ
けることでしょう.

　不良設定問題を解いた人たちとして，2014 年のノーベル物理学賞受賞者を紹
介したいと思います．この年のノーベル物理学賞は青色発光ダイオード（LED）
を発明した赤崎勇，天野浩，中村修二の三氏に贈られました．受賞のポイントは
窒化ガリウム（GaN）という，それまで誰も注目しなかった材料への注目にあ

りました. 図序 -4 は，この材料に関する論文数を年代別に示したものですが，1980 年代までは，グラフが地を這っていることがわかります. 横軸からわずかに浮いているのは，このノーベル賞受賞者たちが細々と研究していた成果発表です. それが 1990 年代になると，まるでロケットを打ち上げたように急激に増加しています. 一体何が起こったのでしょうか？ それは，それまで誰も成功していなかった半導体による青色発光に成功したというニュースが，名古屋（赤崎，天野），そして徳島（中村）から世界に向けて発信されたからなのです. 半導体から光が出るということ自体は，半導体の父と言われる西澤潤一先生 [13] によって予言され，先生自身によって赤色と緑色が実証されてきたのですが，青色だけがどうしてもできませんでした. 青さえできれば光の三原色が揃い，どんな色でも出せるというのに，です. 世界中の研究者が血眼になって青色 LED の開発を目指していましたが，どうしてもできません. ひょっとしてこれは，土台無理なんじゃないか，答えのない不良設定問題なんじゃないか，そんな空気が流れ始めていたのです. そんな時に「GaN で青が光った」というニュースが世界を駆け巡ります. たったそれだけのニュースで，技術の詳細は秘匿されていたのに，世界中で青色が光り始めました. それは半導体による青色発光が，答えがないかもしれない不良設定問題ではなく，答えが存在する良設定問題に変わったからです. ノーベル賞受賞後，私が長く編集委員を担当してきた応用物理学会の欧文誌 [14] は赤崎先生に記念論文を依頼しました. 先生がお寄せくださった論文のタイトルは "Why did I continue the development of blue light-emitting devices while others abandoned their research?" 「私は，他の人が研究を諦めたのに，なぜ青色発光デバイスの研究を続けたのか」というものでした. 先生が取り組んできた研究がまさに不良設定問題であったことを率直に訴えるタイトルです. 良設定問題を解く人は何も偉くない，不良設定問題に取り組

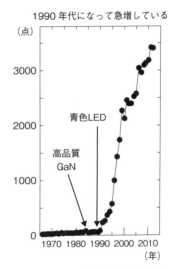

1990 年代になって急増している

(点)

青色LED

高品質
GaN

図序 -4 窒化物関連論文数の経年変化

む人こそが偉い．これが2014年ノーベル物理学賞が私たちに伝えたメッセージ
でした．

　では不良設定問題を解くにはどうしたらよいのでしょうか．不良設定問題に
おいて，答えがあるかどうかわからない，答えが一つに決まらないのは，答えを
求めるために必要な条件（与条件といいます）が不足しているからです．そこで
私たちに必要なことは，答えを見つける条件を絞り込む，あるいは仮説を立てる
ことです．この予算範囲で答えを見つけよう，あるいは，このような属性を持つ
人はこのような振る舞いをすると仮定しよう，といったことです．このようにす
ることで，不良設定問題を良設定問題に変える道が開けてきます．これを「思考
の補助線を引く」と言います．思考の補助線を引くことで肝が据わり，俄然，本
格的に問うことへのやる気が出てきます．

　条件を絞り込み，仮説を立てても，そう簡単に答えが出てこないのが世の常
です．ここで大切なのが"待つ力"です．私の専門である半導体薄膜工学から一
つエピソードをお話しましょう．高温に置かれたクリーンなシリコン（Si）結
晶板に酸素を吹き付けると，表面が次第に酸化されていきます．こうしてでき
るSi酸化膜はトランジスタのスイッチに使われる絶縁膜としてとても重要な
ので，この酸化膜ができるメカニズムを私たちは研究していたのです．図序 -5

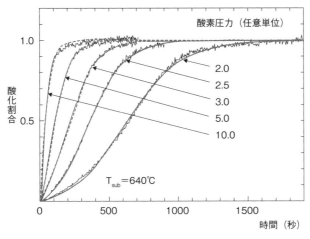

図序 -5　Si結晶表面の酸化過程

は，酸化膜の面積割合が時間と共に増えていく様子を示したものです．吹き付ける酸素の圧力が高いと一気に酸化されるのですが，（圧力 10.0 など），圧力を次第に下げていくと，最初なかなか酸化されないものの，途中から一気に酸化されるような振る舞いを見せるようになります（圧力 2.0）．私たちはこうした振る舞いの一連の変化を統一的に説明しようと思ったのですが，それが何年もうまくいかず悩んでいました．

　そんなある日，私は，大学カフェテリアで昼食をとった後にふらりと立ち寄った購買部の書籍売り場で『忘れていませんか？　化学の基礎の基礎』（『化学』編集部編，化学同人）という本を目にしました．「そういえば化学は苦手だしな」と思いながら何気なく手に取ってページを繰りますと，なんとこの実験結果そっくりのグラフが出ているではありませんか．そこには「自己触媒反応モデル」と書いてあり，式まで載っていました．さっそく本を買い求め，その式を実験結果に当てはめてみますと，ものの見事にすべての実験条件を説明することができました（図序 -5）．3 年以上悩んでいた問題がこうして 30 分で解決し，この結果は物理学のトップジャーナルにただちに掲載が決定しました [15]．すぐに解けない問題でもずっと考え続けていると，このように思わぬ出会いから答えが与えられることがあるのです．

　この出来事の教訓はこれだけで終わりませんでした．自己触媒反応モデルそのものがたいへん教育的だったのです．図序 -5 の圧力をもっと下げていくと，図序 -6（a）のような形の曲線になります．シグモイド曲線と呼ばれるこのグラフは，じつは Si 酸化過程に限らず，さまざまな場面で顔を出すのです．最近で言えば Covid-19 [16] の感染者の増加傾向がまさにこの曲線でした．感染者が少ないといって油断していると，ある時突然，感染爆発が始まりました．電話会社の人は，携帯電話を売り出したころの売り上げ推移とそっくりだと言いました．最初は全然売れません．携帯同士で電話すると安くなりますよと宣伝しても，かける相手が携帯を持っていないのでやはり売れません．それでも頑張って宣伝し続けていると，あるとき急に爆発的に売れるようになったというのです．教育学部の人に見せたら，これは学習曲線そのものですねと言いました．いくら勉強しても全然，成績に反映しないけれど，それでもコツコツと勉強を続けているとあるとき急に成績が伸びるその様子をグラフ化した学習曲線は，この図そっくりです．

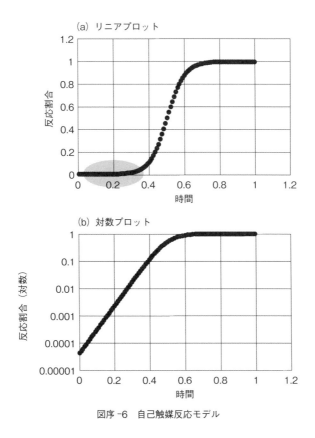

図序 -6　自己触媒反応モデル

　こうしたまったく異なる系が同じ振る舞いを示すには訳があります．それはどの系も，変化の起こるその速さが，それまでに変化した割合と未だ変化していない割合の掛け算（積）で決まるという同じ法則に従うのです．たとえばCovid-19の感染速度（日ごとの感染者数）は，すでに感染した人の数とまだ感染していない人の積で決まります．それは感染が，感染者と未感染者との接触によって起こるからです．携帯電話の普及速度も，すでに携帯を持っている人とまだ持っていない人の積で決まります．すでに獲得した変化が，あらたな変化を加速させるので，自己触媒の名が付きました[17]．VUCA/AIの時代に必要な"新しい教養"は不良設定問題の曖昧さに耐える力ですが，答えの見えない曖昧さに耐える原動力は，このように"化ける"瞬間がいつかきっとやってくるという希

望によって与えられます.

　それにしても一見何も変わっていないように見える"地を這う"状況(図序 - 6(a)のアミ掛け部分)が突然"化ける",あるいは"ブレイクする"のはとても不思議に思えます.しかし"対数"という数学の道具を使うと,この"地を這う"状況のミクロな変化を拡大して見ることができます.図序 -6(b)は,図序 -6(a)の縦軸を対数表示したものです.図序 -6(a)のような普通の目盛りでは1目盛り進むごとに一定数(図序 -6(a)では0.2)ずつ増えるのですが,対数目盛では1目盛り進むごとに一定倍(図序 -6(b)では10倍)になっています.足し算ではなく掛け算の世界です.対数を使うと,普通の目盛りでは何も変化が起きていないように見える領域でも着実に変化が起きていることがわかります.対数はミクロな世界を拡大して見せてくれる数字の顕微鏡なのです[18].一体なにが変化しているのでしょうか.学習曲線で言えば,脳の中のニューラルネットワークの結びつきが少しずつ変化している状況に対応しています.「継続は力なり」といいます.曖昧さに耐えながら我慢して努力を続けていると,目に見えないミクロな変化が起こり,それがやがて目に見えるマクロな変化をもたらすことになるのです.

‖ 7. まとめ

　答えがあるかないかわからない不良設定問題に満ち満ちた VUCA/AI の時代を生き抜くためには,"新しい教養"が必要であることをお話しました.それは自分を自分と異なる分野と繋ぎ,異分野同士を繋げる新しい専門知です.そのためには,自分を縛っている文理の垣根を取り除き,心に浮かんだ感動や疑問を対話によって他者と共有する中から"良い問い"を探し,仮説を立て,そして答えが降ってくることを"信じる力"が必要です.読者の皆さんが,そうしたものを身に付けるヒントを本書の中に見出されたなら,望外の喜びです.

註
1) 2022年2月24日,ロシアはウクライナに軍事侵攻した.
2) 気象庁によれば,「ある場所(地域)・ある時期(週,月,季節)において30年に1回以下で発生す

る現象（気温，降水量などの異常）」を異常気象と呼ぶという．

3) 「メタ」とは，「より高次の」「俯瞰的な」という意味の接頭語である．

4) ある人が携帯会社が提供する AI に「愛とは何ですか」と尋ねたら，「愛とは，理解の別名です」と答えたという．

5) 『教養の再生のために — 危機の時代の想像力』加藤 周一，ノーマ フィールド，徐 京植　著，影書房，2005．

6) 「でも，あまり演技力のあるお医者さんもこわいよね」というのが平田オリザさん得意のオチだった．けれど今のお医者さんは隠し立てせずに患者さんにオープンに話すようになったので，このオチも若い世代には通用しなくなった．

7) この意味で文系学問の極みは数学である．数学は昔，哲学の一部だった．

8) 東北大学名誉教授，元東北工業大学長．

9) 本書の共著者，田中一裕先生が学生時代にいつも聞かされた言葉．

10) 最近はネット上に偽造（フェイク）情報が急増しているので要注意である．

11) 量子力学の父 N. ボーアは典型的にこのタイプだったらしい．彼はアイディアを思いつくと誰かれかまわず一方的に語りかけ，そして自分一人で納得し，聞き手に感謝して去っていったという．

12) 朝日新聞「折々のことば」1027 鷲田清一（2018 年 2 月 20 日）

13) 東北大学元総長．

14) Japanese Journal of Applied Physics（JJAP）

15) Physical Review Letters（1999）

16) 新型コロナウィルスと呼ばれ，2020 ～ 2023 年の間，全世界で猛威をふるった．

17) 触媒とは反応を活性化させるもののこと．

18) 対数は，ミクロだけでなくてつもなく大きな天文学的数字を扱うのも得意である．

❶ 旧約聖書『ヨブ記』日本聖書協会

「なぜ悪いことをしていない私が，こんなにも苦しまねばならないのか．」「そういうお前の傲慢さが罰されているのだ．」ヨブと友人たちの論争は平行線をたどります．古代の知識人ヨブは「私は神と話がしたい」の一心で苦しい問いを問い続けたのでした．

❷ 加藤周一，ノーマ・フィールド，徐京植『教養の再生のために　危機の時代の想像力』影書房　2005 年

教養主義が特権的であった過去を認めつつ，危機の時代を生き抜く「精神の自由」を身に付ける技法として教養の復権を訴えます．教養の達人，加藤周一氏が，性能のよい自動車を作るのがテクノロジー，その自動車を駆ってどこを目指すかを教えるのが教養，とわかりやすく譬えるさまに感動します．

❸ ロバート・フルガム著，池 央耿訳『人生に必要な知恵はすべて幼稚園の砂場で学んだ』河出文庫　2016 年

「何でもみんなで分け合うこと，ずるをしないこと，人をぶたないこと…」人生で本当に大切なことは，みんな幼稚園で教わったとフルガムは説きます．全米で 400 万部を売ったこの驚異的ベストセラーは，人生をやさしい言葉で哲学することの楽しさを教えてくれます．

❹ 池田晶子『14 歳からの哲学』トランスビュー　2003 年

ファッション雑誌「JJ」読者モデル出身の哲学者は，「どうすればいいのかを悩む」のではなく「どういうことなのかを考え」ようと提案します．悩んでも自分の中で考えがぐるぐる回るばかり．「考える」ことは，自分の中に閉じこもっているのではなく，思いを限りなく他者に開いていくことだと言います．

啐啄同機
そったくどうき

思わぬ出会いが不良設定問題を解くきっかけを与えてくれると書きました．不思議なのは，そのような出会いが，これしかないというタイミングで起こることです．そんな出会いの在り様をうまく捉えた言葉に「啐啄同機」というものがあります．ヒナが卵を破って孵（かえ）るとき，ヒナが内側から殻をつつくのが「啐（そつ）」，親鳥が外側から殻をつついてこれを助けるのが「啄（たく）」であり，この両者のタイミングが一致するというのです．

息子に補助輪なしの自転車の乗り方を教えた時のことを思い出します．息子は後ろを向いて言います．

「お父さん，しっかり後ろ持っててね．でないと僕倒れちゃうんだからね！」

「もちろんさ」と私．

息子は後ろを支えられている安心感からペダルを踏み込み，自転車は進みだします．走りながら息子は言います．

「お父さん，ちゃんと持ってる？」

「もちろんさ」と私．

そして私は次第に手を放すのです．親の支えと，親に支えられる安心感からくる自発的こぎ出しとの同機．啐啄同機です．

新しい教養で身に付ける「待つ力」は，このような自己（啐）と他者（啄）が呼び合う瞬間を待つ力なのです．

第1章

卒業研究に取り組むとはどういうことか？

― 研究の作法 ―

田中 一裕

1.1　はじめに

　大学ではだいたい3年生になると各自の興味に応じてゼミ（ゼミナール）を選択し，所属することになります．ゼミでは教員の指導を受けながら卒業研究（課題研究と呼ぶこともある）をおこない，その成果を卒業論文にまとめます．

　卒業研究なんて面倒だな，論文を書くなんて無理！　などと思っている人も多いかもしれません．でも，心配にはおよびません．しかるべき手順を踏めば，誰でもある程度のところまではいけます．もちろん，うまくいくときもあれば，うまくいかないときもあります．それでも，卒業研究を経験することで得られるものは多い，というのが私の考えです．仮説をたて，それを検証する過程で論理的思考力が鍛えられます．成果を口頭発表する過程でプレゼンテーション能力が鍛えられます．成果を論文にまとめる過程では，指導教員による容赦ない添削を通じて論理的な文章を書く力が鍛えられます．何よりも，研究をやり遂げたときの喜びは，何物にも代えがたいものがあります．

　これから卒業研究に取り組むにあたり，いくつか押さえておきたいポイントがあります．この章では，研究のすすめ方や研究に対する考え方を私なりの視点で解説します．あわせて，私の卒業研究について，特に研究テーマを決めたいきさつについて紹介します．最初に断っておきますが，この章で述べる内容は生物学の例に偏っています．でも，研究の本質的なところは学問分野に関わらずだいたい同じです．使えそうなところがあれば積極的に盗む．そのような姿勢でこの章を読んでみてください．

1.2　研究と勉強は違う

　本論にはいる前に，研究と勉強の違いについて述べておきます．研究と勉強
は同じようなもの，と思っていませんか．両者はまったくの別物です．研究とは
未解決の問いの答えを探る行為です．一方，勉強はすでに明らかになっている事
実や知見を学ぶ行為です．前者は最終的に何かしら新たな知見をこの世に提示で
きる可能性がありますが，後者にはありません．両者の違いを一言で表すなら，
新規性の有無，となります．新規性とは，これまで（の研究）と比べて何かしら
新しいものがあることを意味します．

　したがって，研究をやるならまだ誰も解いたことがないテーマ，未解決の
テーマを選ぶことがもとめられます．もちろん，すでに答えが出ているテーマを
あえてやる，という選択肢もあります．でも，それはこれまでとは異なる結果や
結論にいたる可能性が高い場合や先人たちとは異なる視点や手法で同じテーマに
再度チャレンジする場合に限られます．後者では，問いの解き方，攻め方（アプ
ローチ）に新規性をみいだすわけです．

　新規性というとまったく何もないところから何かを作り上げることをイメー
ジするかもしれません．でも，それはちょっとちがいます．研究という行為は，
レンガの壁を作る作業と似ています．目の前には，すでに先人たちが積みあげた
レンガの壁があります．新規性のある研究とは，この壁の上面に新たなレンガを
積む行為，というイメージです．

1.3　研究は面白い！

　研究はしばしばマラソンや山登りに例えられます．いずれも途中はかなり苦
しい．でも，ゴールにたどりついた瞬間，それまでの苦労はすべて吹き飛びま
す．

　いまから 20 年ほど前，私がタマネギバエの羽化時刻（蛹（さなぎ）から成虫が出てく
る時刻）の研究をしていた時の話です．このハエは地下 2cm から 20cm まで，
地中のいろんな深さで蛹になります（幼虫が蛹になることを蛹化（ようか）と呼びます）．

興味深いことに，当時集めた羽化時刻に関するデータのすべてが，蛹はいま自分が地中のどのくらいの深さにいるのかを知っていることを示唆していました．でも，どうやって自らの蛹化深度を知るのか，その仕組みについては見当もつきませんでした．幼虫が潜った深さを覚えている？　地中の酸素濃度や二酸化炭素濃度が深さによって違うから…．あれこれ仮説をたてては検証を繰り返したのですが，いずれの仮説も棄却されました．

　でも，ある日の夜，研究室の壁に貼り付けてあった地下5cmと20cmの地温のグラフを何気なく眺めていたら，地温の日較差，つまり日最高地温と日最低地温の差が地中深くなるほど小さくなることに気づきました（図1-1）．その瞬間，それまでの悩みは吹き飛びました．というのも，もしも蛹が地温の日較差を測ることができるなら，自分がいま地中深くにいるのか，それとも浅いところにいるのかをおおよそ知ることができるからです．「よっしゃー！」夜の研究室で，ひとり雄叫びをあげたのは言うまでもありません．この日の夜はほとんど眠れませんでした．答えをみつけたという嬉しさと，他にも深さを知る術があるのではないかという不安が交錯し，布団の中で目を閉じても，すぐに目がさめるのです．そうこうしているうちに，朝をむかえてしまいました．寝不足気味でしたが，充

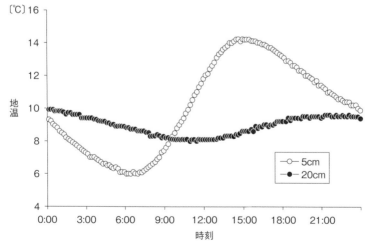

図 1-1　地下 5cm と 20cm の地温の日周期変化
（北海道農業試験場、2004 年 5 月 2 日：地温は 10 分毎に測定）

実した朝でした．後日，この仮説が正しいことを実験的に証明することができました [1].

　もう一つ例を挙げておきましょう．私の同僚に C さんという素粒子物理学者がいます．彼はかつて未知の素粒子を探す国際研究プロジェクトに参加していました．そして，幸運にも新しい素粒子を検出した現場に居合わすことができました．ずっと探していた素粒子の存在を示すデータを目の当たりにした瞬間，C さんは興奮のあまり建物の 15 階にあった研究室から 1 階まで一気に駆け下りたそうです．しかもそれだけでは飽き足らず，ふたたび 15 階まで駆け戻ったそうです．傍目には何とも奇異なふるまいでしかありませんが，当の本人にとっては至福の時間であり，その表現であったにちがいありません．皆さんも，こんな体験をしてみたいとは思いませんか？

1.4　研究の作法

　研究をすすめるにあたっては，基本的な方法，手順のようなものが存在します．それは，問いをみつける，仮説をたてる，仮説を検証する，の 3 つです．以下に，それぞれについてみていきます．

1.4.1　問いをみつける

　研究は，なぜだろう，という疑問を持つことから始まります．疑問がなければ研究は始まりません．それは日頃から気になっていた疑問でも，観察や体験から生じた疑問でも，先行研究（本，論文，講義など）に学ぶ過程で生じた疑問でもかまいません．ただし，その疑問がそのまま研究テーマになることはまれです．ほとんどの疑問はすでに誰かによって解かれています．「それは君が知らんだけや」と言われて終わりです．数ある疑問のなかから問うに値するテーマ，研究するに値するテーマを選び出すことが肝心です．

（1）良い研究テーマの選び方

　研究テーマには良いテーマとダメなテーマがあります．良いテーマを選んだら，研究はもう半分くらいできたようなものです．逆に，ダメなテーマを選んだ

ら，泥沼にはまります．では，良いテーマとはどのようなものなのでしょう．これにはいくつかの条件があります．

　第一に新規性があることです．先述のように研究である以上，新規性は不可欠です．これがなければ研究とはいえません．でも，新規性のあるテーマをみいだすのは骨が折れます．これは卒業研究を始めたばかりの大学生が最初に出くわす関門です．新規性があるかないかは，これまでに何がわかっていて，何がわかっていないのかを知らなければ判断できません．そのためには，地道に先人たちの仕事を一つひとつ確認していくしかありません．まずはその分野の先人たちの本や論文を片っ端から読んでみましょう．皆さんの指導教員（ボス）の論文を，出版された順に読んでみるのもありですね．ボスの成功と挫折の物語を垣間見ることができるかもしれません．その分野の研究史や未解決の問題をまとめた総説（レビュー論文と呼びます）があれば，それを読むのもよいですね．私が学生だった頃（20 世紀）と比べると，いまは文献のデータベースサービスが充実しています．国立情報学研究所（CiNii Research）や国立研究開発法人科学技術振興機構（J-STAGE）の電子ジャーナルプラットフォームを利用すれば，多くの論文を無料で入手できます．サーチエンジン（たとえば Google Scholar）を利用して論文を探す，という手もあります．さっそく，興味がありそうな論文をダウンロードしてみましょう．

　第二に実行可能であることです．たとえば「野生のライオンの〇〇行動」というテーマ．これはダメです．野生のライオンを研究対象とするならば，アフリカに滞在する必要があります．しかし，旅費や滞在費といった必要経費やフィールドにおける安全管理を考えると，このテーマにゴーサインを出せる大学は限られるでしょう．「どうしてもやりたければ，近所の動物園のライオンでやって」と言われるのがオチです．そもそも，多額の研究資金なしには遂行できないテーマは，卒業研究のテーマにはむいていません．大学は，皆さんが想像している以上に貧乏だからです．さらにいうと，1 年以上の時間をかけないと結果が出ないテーマもダメです．卒業研究は，学部 4 年生の 1 年間で仕上げることが前提です．

　第三に面白いことです．研究テーマは面白いものにかぎります．やっている本人が面白みを感じられないような研究が長続きするとはとても思えません．で

は，面白い研究とはどのようなものでしょう．その目安のひとつは，その研究の面白さを教員や友達に伝えることができるか否かです．これがすんなりできるなら，有望です．四苦八苦するようなら，まだまだ改善の余地がある，ということです．

（2）研究テーマを決めるうえでのアドバイス

　研究テーマをみいだすのはじつに難しい．これまで悩める学生たちに伝えたアドバイスの一部を以下に列挙します．

●その1　How クエスチョンなのか，Why クエスチョンなのか？

　研究テーマは，なぜ…なのか？　という形にするとゴールが明確になります．ここで注意すべきは，"なぜ"が意味するところです．"なぜ"には複数の意味があります．仕組みを問う"なぜ"と，そうしなければならない理由を問う"なぜ"です．英語でいうと前者は How，後者は Why に相当します．

　ウグイスはなぜ春に鳴くのか？　という問いを例に両者の違いをみてみましょう．ウグイスは春になると「ホーホケキョ」と鳴きはじめます．これは雄が雌に求愛する歌です．なので，鳴くのは雄だけです．How クエスチョンは，雄が春になると鳴きはじめる仕組みを問います．ウグイスは日長（昼の長さあるいは夜の長さ）を測って季節を知ります．春になって日長が長くなると，これを合図に性成熟を促すホルモンが分泌され，やがて雄が求愛歌を歌いはじめるようになります．これが How クエスチョンの答えです．

　一方，Why クエスチョンはウグイスが春に鳴かねばならない理由，夏や秋に鳴いてはいけない理由を問います．ウグイスは初夏に子育てをします．ヒナの餌はチョウやガの幼虫（イモムシ）です．イモムシは一年中いるのではなく，初夏に大量発生します．そのため，ウグイスが子育てをするなら初夏しかないのです．初夏に子育てを行うには，春に求愛するしかありません．これが Why クエスチョンの答えです．さて，皆さんの"なぜ"は How クエスチョンですか，それとも Why クエスチョンですか？

●その2　大きなテーマか小さなテーマか？

　研究テーマには大きなものと小さなものがあります．大きなテーマは面白い．「地球外生命は存在するか？」なんてテーマはわくわくします．でも，これだけテーマが大きいと，どこから手をつけてよいのかわからない，となりがちです．

　一方，小さなテーマは，ゴールが明確なので，比較的結果を出しやすい．たとえば，「ゲジは夜行性なのか昼行性なのか？」というテーマ．これは，明るい時間帯と暗い時間帯の活動量を比較すればただちに解明できます．でも，それがわかったから何？　ってなりがちです．できれば，これがわかると何が面白いのか，この研究の背後にもう一つ大きな問いが欲しいところです．大きなテーマを念頭におきつつ，実際には解決可能な小さめのテーマに取り組む．これが卒業研究のテーマの現実的な選び方でしょう．これなら，研究の面白さを他の人に伝えることも容易です．

●その3　テーマからはいるか，材料からはいるか？

　生物学の研究テーマの決め方には，テーマを先に決めてからそれに適した材料を選ぶ方法と，材料を先に決めてからそれにあったテーマを決める方法の大きく二つの決め方があります．これは，どちらが良いとか悪いという話ではありません．すでに解きたいテーマがあるなら，あとはそれを研究するのに適した材料を探すだけです．何らかの理由で最初に研究材料が決まっているのなら（たとえばライオンが好きだから），その材料の良さを生かしたテーマを選べばよいのです．皆さんはテーマと材料，どちらからはいりますか？

●その4　一般性からはいるか，多様性からはいるか？

　テーマからはいるとして，一般性・普遍性に重きを置いてテーマを決める方法と，多様性に重きを置いてテーマを決める方法があります．前者は，生物全体を貫く規則性や法則性に焦点をあてます．後者はむしろ生物種ごとの違いに注目します．

　一般に，自然科学者は一般性・普遍性が大好きです．これは，自然科学がもともとは神様の存在を知るための学問であったことと関連があります．今日，科学

と宗教は一定の距離を置いていますが，かつては両者の距離はとても近かったのです．一神教であるキリスト教の世界観では，一人の神様が世界を創ったとされています．もしもそうであるなら，この世界（自然界）には創造主の個性というか共通のデザインのようなものが存在するに違いありません．そこで，自然界に潜む共通のデザインの解明を通して神様の存在を確認することが自然科学者に期待されたのです．そのなごりは現在も強く残っています．いまこの瞬間にも，多くの自然科学者が自然界を貫く一般法則（共通の法則）の発見を目指して，競争を繰り広げています．

　しかし天才はともかくとして，われわれのような凡人には一般法則の発見は容易ではありません．凡人がとりうる戦略の一つは，一般法則の発見を目標としつつも，多様性の側から攻めることです．具体的に言うと，一般性から外れるもの，例外や特殊とされるもの，極端な例などに目を向け，そこから一般性に向かってアプローチするのです．たとえば，昆虫の冬越しをテーマにするなら，オオカマキリのような休眠せずに冬を越す昆虫が狙いめです．温帯ではほとんどの昆虫が休眠状態で冬を越すのに，なぜこのカマキリだけは休眠する必要がないのか？　その理由が明らかになれば，休眠の役割について新たな視点が得られるかもしれません．ふつうとはちがう生き物や現象に目をむけることで，逆にふつうとは何かがみえてくる．後述する私の卒業研究も，この類のささやかな例の一つです．

●その5　モデル生物を使うか，非モデル生物を使うか？

　生物学分野では，研究がうまくいくか否かは，どの生物種を材料に選ぶかにおおきく左右されます．生物学者にとって都合が良い生物種の条件は3つあります．第一はいつでも好きな時に入手できることです．第二は飼育が容易なことです．第三は生活史や遺伝情報といった基礎的な情報がそろっていることです．これら3つの条件を満たす生物をモデル生物と呼びます．たとえば，キイロショウジョウバエとかマウスです．これらを材料として使うと研究の効率はかなり良くなります．ただしライバルも多いので，競争は必然的に激しくなります．

　モデル生物以外の生物を非モデル生物と呼びます．たとえばヒグマとかシーラカンスです．これら非モデル生物を使った研究の効率はかなり悪い，と言わざ

るを得ません．材料の入手や飼育が難しいだけでなく，そもそもいつ出会えるか
わからない．生活史など研究の基礎となる情報も蓄積されていない（結局，自分
で明らかにするしかない）．でも，だからといって非モデル生物を使った研究を
否定するつもりはありません．非モデル生物を用いた研究には，それなりの利点
があります．研究者が少ないことは，未知の現象に出会う可能性がまだ残ってい
ることを意味します．ライバルが少ないので，競争を意識することなく，自分の
ペースで研究をすすめることができます．個人的に好きな生物種，興味がある生
物種を材料に選んだなら，たとえ困難に直面したとしても研究のモチベーション
が下がることはないでしょう．ただし，同じテーマでモデル生物と競うのはかな
り厳しいことは覚悟しておいてください．先述のように，研究の効率がモデル生
物を用いた場合に比べて圧倒的に劣るからです．なので，あえて非モデル生物を
用いて研究するなら，モデル生物にはできないテーマ，非モデル生物だからこそ
できるテーマを選びたいものです．

　私自身はどちらかというと非モデル生物派です．私の卒業研究の材料は，オ
オヒメグモという世間的にはまったく無名のクモでした（後述）．研究を始めた
当時，その生態に関する情報は皆無でしたが，大学のキャンパスや市街地にたく
さん生息していたので，いつでも好きな時に観察や採集ができました．飼育も容
易だったので，たくさんの個体を使ってデータをとることができました．そして
何といってもこのクモの強みは，卵以外ならどの発育段階でも休眠できる，とい
う生活史特性にありました．この特性のおかげで，最終的に指導教官からもお褒
めにあずかった卒業論文を書くことができました．成果の一部を学術誌に掲載す
ることもできました[2]．非モデル生物であっても目のつけどころさえよければ必
ずモノになります！

●その6　野外でやるか，室内でやるか？
　自然科学分野の研究は，どこでデータをとるかによって野外研究と室内研究
に分けることができます．野外研究はもちろん野外に出てデータをとります．
フィールドワークと呼ぶこともあります．自分の足で歩き，自分の目でみて，自
分の頭で考える．現場に身を置き，自らの肉体や五感を駆使することで，本を読
むだけではわからなかったことにも気づけるようになります．くわえて，穏やか

な気候・天候の下でのフィールドワークはじつに気分が良いものです．あまりの清々しさに，良いアイデア，斬新なアイデアが次々にわいてくるような錯覚を覚えます．

　一方で，野外では予期せぬ事態も頻発します．悪天候や吸血昆虫の襲撃はもちろんのこと，対象とする生物に何日も出会えないなんてことも珍しくはありません．肉体的にも精神的にもタフさがもとめられます．また，野外では環境条件は常に変動しています．そのため，厳密な意味での同じ実験は繰り返すことができません（同じ条件は2度と起きない）．でも，生物が進化した舞台は自然条件下です．野外研究は，生物の進化を理解するうえで最良の手段である，と強がっておくことにしましょう．

　一方，室内研究は天候などの影響を受けることなく，いつでも好きな時に実験や観察を行うことができます．制御された環境下なので，同じ条件設定の実験・観察を何度でも繰り返すことができます．その意味で，研究の効率は野外研究よりもはるかに良い，といえます．でも，先述のように生物は自然条件下で進化したのです．実験室で進化したわけではありません（例外はある）．実験室での解析が中心の研究であったとしても，自然環境のことを常に頭の隅に置いておきたいものです．

　研究テーマを選ぶにあたり，自分が野外と室内，どちらとより相性が良いのかを考えておくとよいでしょう．私はどちらかというと野外派でした．大学に入学した頃はジャングルで野生動物を追跡するような研究に漠然とあこがれていました．でも，先述のように，野外研究は肉体的にも精神的にもタフでなければやれません．いずれのタフさも持ち合わせていなかった私は，結局実験室での解析が主となる研究に舵を切りました．

●その7　自分でみつけるか，与えてもらうか？

　卒業研究のテーマは学生が自分でみつける場合もあれば，指導教員からテーマを与えられる場合もあります（提示された複数のテーマから選ぶ場合もある）．例外もありますが，生物学分野では野外研究が主となる分野では前者が，実験室での研究が主となる分野では後者が多いようです．後者の場合，その部署（実験室）にしかない自慢の機器を活用して研究するほうが効率も良いので，テーマが

与えられやすいのかもしれません．とはいえ，大学生たるもの，研究テーマくらいは自分で決めたいものです．

1.4.2　仮説をたてる

　解くべき問いが決まったら，まずはそれについて仮説をたてます．仮説とは，文字どおり仮にたてる説のことです．本当かどうかはわからないけど，そのように考えるとある現象がうまく説明できる，そのようなものです．仮説をたてる段階では，仮説が正しいかどうかを気にする必要はありません．それは後で検証すればよいのです．この段階で大事なことは，できるだけたくさんの仮説をたてることです．

　仮説には良い仮説と悪い仮説があります．良い仮説には予測性があります．悪い仮説にはありません．予測性とは，もしもこの仮説が正しければ，こういう場合にはこうなるはずだ，というものです．これがあると，その後の検証が容易になります．

　具体例をつかって仮説をたてる練習をしてみましょう．

　今回の素材は，サケです．魚のほうのサケです．川の上流で孵化したサケの幼魚は川を下り，海にでます．そして，海でたくさんの餌を食べて，大きく成長します．その後，繁殖期になると成魚は川を遡上し，再び上流域にもどり，そこで産卵して生涯を終えます．それにしても，なぜサケはわざわざ上流域までもどって産卵するのでしょう？　幼魚は海でも成長できるのだから，そのまま海に残って産卵してもかまわないはずです．きっと，何か川の上流域で産卵しなければならない理由，海で産卵してはいけない理由があるのでしょう．これは典型的な Why クエスチョンです．練習もかねて，その理由をあれこれ考え，仮説をたててみましょう．

　なぜサケは海ではなく，川の上流域で産卵するのか．

　これを説明する仮説の一つは，「海と川の上流域とでは卵を食べる捕食者の数が異なる」というものです．もしもサケの卵を食べる捕食者が海で多く川で少ないのだとしたら，成魚が川の上流域まで戻って産卵するのは理にかなっています．これをかりに "捕食圧仮説" と名付けることにしましょう．仮説をたてるとは，こういうことです．正しいかどうかはあまり気にせず，まずはたててみま

しょう.

　ほかの仮説も考えてみましょう.

　もしかしたら幼魚や成魚とは異なり, 卵だけは塩水 (海水) に弱いのかもしれません. もしも卵が塩水に弱いなら, わざわざ上流域までもどって産卵する意義を説明できそうです. これは "塩分耐性仮説" とでも名付けておきましょう.

　仮説をたてるだけなら, まだまだいけます.

　川の上流域は水量が少ない割に流れが速く, 水面が波立っています. このことは, 多くの酸素が水に溶けていることを示唆します. もしかすると, 水中の酸素量 (溶存酸素量) は海よりも川の上流域のほうが多く, 卵の生育により適しているのかもしれません. そうであるならば, 成魚がとりうる選択肢はやはり「川の上流域で産卵する」の一択です. この仮説に名前を付けるとしたら "溶存酸素量仮説" でしょうか.

　ほかにもいろいろと仮説が浮かぶと思いますが, とりあえずはここまでとします. あとは自分で考えてみてください.

　ここまでみてきたように, 仮説をたてること自体はさほど難しいものではありません. どんな事象であっても, その原因や理由についていろいろと仮説をたてることができます. 科学的な思考の修練もかねて, 機会をとらえては仮説をたてる練習を繰り返してみてください.

1.4.3　検証する

　仮説が正しいかどうかは, 実験や観察をとおして検証します. 先述のように仮説に予測性があれば, 検証は容易です. もしもこの仮説が正しいなら「AをBで処理すると, AはCになるはずだ」を例に考えてみましょう. AにBを処理した結果, たしかにAがCになったなら, その仮説は正しいことになります.

　一方, ○○に××を処理したにもかかわらず, ○○が△△にならなければ, その仮説は間違っていると判定できます. 後者の場合は, 新たな仮説をたてて, 検証をやり直すことになります. この作業を正しい仮説が確認できるまで続けるのです.

　先述のサケが川の上流域で産卵する理由に関する仮説を例に, その検証方法を具体的に考えてみましょう. まずは "捕食圧仮説" です. これは, 海と比べて

川の上流域には卵の捕食者が少ない，というものでした．これは，実際に川の上流域と海で卵の捕食者の数（密度）を比較することで検証できます．とはいえ，現実問題として，卵の捕食者を特定するのは容易ではありません．それは魚かもしれないし，鳥かもしれないし，昆虫かもしれない．容疑者はたくさんいます．その特定だけでも一つのテーマになりそうです．もっと楽に検証する方法はないものか．すこし攻め方をかえてみましょう．たとえば，海と川の上流域それぞれに人為的にサケの卵を置き，一定期間内に消失する卵の数を比較するのです．この方法だと捕食者の特定はできませんが，消失した卵の数から，海と川の上流域での捕食圧の比較はできます．もしも卵に対する捕食圧が川の上流域で低く海で高ければ，この仮説は正しいといえます．

　次は"塩分耐性仮説"です．これは，サケの発育段階のなかで卵だけが塩分に弱い，だから川で産卵するしかない，というものでした．もしもこの仮説が正しければ，塩水（海水）がはいった水槽に卵と幼魚と成魚をいれたら，卵だけが死ぬはずです．一方，真水（淡水）がはいった水槽に卵をいれたら，やがて稚魚が孵化するはずです．あとは，これを実験で試すのみです．

　3つめの"溶存酸素量仮説"は川の上流域は海と比べて水中の酸素量が多く，これが卵の生育に適している，というものでした．この仮説を検証するには，川の上流域と海で溶存酸素量を比較するとともに，溶存酸素量と卵の孵化率の関係を明らかにする必要があります．もしも溶存酸素量が海よりも川の上流域で多く，かつ卵の孵化率も水中の酸素量が多いほど高くなるのであれば，この仮説もいけそうです．

　仮説を検証するとはこういうことです．仮説に予測性があれば，その検証方法は容易に頭の中でイメージできます．

　検証により，仮説はしばしば棄却されます．用意した仮説がすべて棄却されることもあります．そうなったら，多くの人は意気消沈することでしょう．でも，研究者はちがいます．用意した仮説がすべて棄却されたら，むしろ喜びます．すぐに祝杯をあげます．なぜって？　現時点で考えうる仮説がすべて却下されたということは，何らかのチャンスが目の前に現れたことを意味するからです．まだその栄冠をつかんだわけではありませんが，大発見の一歩手前まで来ているのはたしかです．意気消沈などしている場合ではありません．

1.5　論文を書く

　研究は，論文を書いて完成です．どれだけたくさんのデータをとったとして
も，論文としてまとめるまでは"何もやっていない"のと同じです．

1.5.1　論文の基本構造

　自然科学分野の論文には基本構造がありま
す（表1-1）．複数のセクションがあり，これに
従って簡潔に書き進めていけば，論文は完成し
ます．以下にそれぞれのセクションの書き方に
ついて概説します．なお，このセクションを読
んだからといって，ただちに論文が書けるよう
になるわけではありません．いろんな論文をた
くさん読んで，各自で書き方を学んでもらうし
かありません．

表1-1　自然科学分野の論文の
　　　　基本構造の例

1）表題（タイトル）
2）要旨
3）緒言（はじめに）
4）方法（材料と方法）
5）結果
6）考察
7）謝辞
8）引用文献

（1）表　題

　論文はまず表題からはじまります．表題において大事なのはわかりやすさで
す．短いながらも，論文の内容を的確にあらわすものを目指しましょう．

（2）要　旨

　要旨とは，その論文でとりあげた知見や結論を簡潔にまとめた文章のことで
す．ここでは，研究の目的，何をやったのか，どのような方法でやったのか，そ
れで何がわかったのか，を簡潔にまとめます．研究者は忙しい．手にした論文を
最初から最後まで読むのか否かは要旨で判断します．要旨を読んで，面白ければ
本文も読む．つまらなかったら，その先は読まない．そんな人がほとんどです．
私もそうです．「自分が書いた論文が誰かに読まれるか否かは，要旨の出来で決
まる」，とは私の学生時代の先輩のお言葉です．

（3）緒　言

　緒言は，なぜこの研究をやろうと思ったのか，この研究は何がどう面白いのかを読者にアピールするセクションです．少なくとも 4 つの部分から構成されます．

　第一は研究の背景です．ここでは研究のきっかけについて述べます．何をみて，どのような "問い" が浮かんだのかを記述し，研究のねらいを明確にします．

　第二は先行研究のレビューです．ここではいま解こうとしている "問い" について，これまでどのような研究がなされ，どのような成果がでているのかを簡潔にまとめるとともに，現時点で未解決の問題を明確にします．

　第三は着眼点と仮説です．ここでは研究の新規性をアピールします．これから積もうとしているレンガはこれまでのレンガとは何が違うのか，何が新しいのかを語るわけです．具体的には，今回はどのような視点でこの問いに対峙したのか，いまどのような仮説をもっているのかを記述します．

　第四は攻め方（アプローチ）です．ここでは提示した仮説をどうやって検証するのか，その基本方針を記します．

（4）方　法

　方法は地味なセクションですが，さりとて手を抜くわけにもいきません．このセクションでは，何を材料に，いつ，どこで，どのような方法で調査や実験をおこなったのかを詳細に記述します．どのくらい詳細に書けばよいのかは悩みどころですが，皆さんの後輩たちがこのセクションを読んだだけで研究を再現できる程度まで記述するのが理想です．

（5）結　果

　結果のセクションでは，調査や実験で得られた結果や事実を淡々と記述します．とはいえ，研究の流れがわかるような記述，ストーリー性のある記述にしたほうが読者は理解しやすいでしょう．

　データは生データ（実験や観察の過程で出てきたデータ）をそのまま並べるのではなく，加工したうえで表やグラフとして表示します．表とグラフは，それぞれ長所と短所があります．表の長所は個々のデータの数値が正確にわかること，

短所はデータの全体的な傾向を把握しにくいことです．グラフの長所はデータの全体的な傾向や特徴がひとめでわかること，短所は個々のデータの数値がわかりにくいことです．データを表で示すか，グラフで示すかは，読者にデータの何をみて欲しいのか，で決まります．データの傾向をみてほしいのか，それとも細かい数値をみてほしいのか？

　初学者のなかには，結果のセクションに文章は記載せず，グラフや表を貼り付けて終わりにする人もいます．これはダメです．結果のセクションにおいて，文章は必須です．というのも，同じグラフや表をみても，読者が著者と同じようにデータを読む保証がないからです．結果のセクションでは，著者がグラフや表に示されたデータから何を読み取ったのかを具体的に文章として記述することがもとめられます．

（6）考　察

　考察では，結果のセクションに示したデータに基づいて，この研究で明らかになったことを主張します．生物学分野の論文では，議論のもととなる（得られたばかりの）結果を簡単に引用・要約した後で，それに関する解釈や推察を述べるスタイルが多いようです．考察を展開するにあたっては，今回得られたデータがこの研究における問いを解明するうえでどのように貢献するのかを常に意識するとよいでしょう．くれぐれも，当初のねらい（研究の目的）からはずれた議論にならないように．

（7）謝　辞

　謝辞は，研究を手伝ってくれた方々に御礼を述べるセクションです．たとえば，実験作業を補助してくれたとか，統計処理を手伝ってくれたとか，論文原稿を読んで手直ししてくれたとか，研究資金を提供してくれたなどです．研究を行うにあたっては，いろんな人の助けが不可欠です．それらの方々への感謝の気持ちをここに示しておきましょう．

（8）引用文献

　引用文献のセクションには，本文中で引用した論文のリストを並べます．本文中で他の文献に記述されていることを引用した場合，ここにその出典を明記します．当たり前ですが，リストには引用した文献のみを載せること．読んでもいない文献をあたかも読んだかのようにリストに入れるのはご法度です．孫引きもダメです．引用するのであれば，オリジナルを読んでからにしましょう．インターネット上のサイトで得た情報を引用する場合は，URL と閲覧年月日を記載することが最近では多いようです．文献リストの作成にあたっては，少なくとも著者名，発行年，論文タイトル，雑誌名，巻号，頁などの情報は入れておくべきでしょう．

1.5.2　論文の構造を理解することのメリット

　これまでみてきたように，自然科学分野の論文には明確な構造があります．複数のセクションからなり，セクションごとに何を書くべきかが決まっています．論文を書くという作業は，あらかじめ緒言や結果といった欄が用意されていて，あとはそれらのセクションごとに文字を埋めるだけ，とも言えます．このようなイメージを持つだけでも，論文作成のストレスが多少なりとも緩和されるでしょう．

　論文に構造があることは，執筆者だけでなく読者にとってもメリットがあります．論文の構造を理解していれば，どこにどのような情報があるのかがあらかじめ予想できます．このことは，論文から情報を得るうえで，必ずしもそのすべてを読まなくてもよいことを意味します．たとえば，論文の結論だけを知りたいのであれば，要旨もしくは考察の最後の部分だけを読めばよいのです．私もよくこの手をつかいます．著者が用いた研究手法の詳細を知りたいなら，方法のセクションを読むべきです．この分野の先行研究について知りたければ，緒言を読むのがおすすめです．研究史がうまくまとめてあるはずです．論文の構造を理解すれば，論文を書くのも読むのも楽になります．

1.6 私の卒業研究

　ここまで，ずいぶんと偉そうなことを書いてきました．じゃあ，あなたの卒業研究はどうだったのか，と詰問されそうですね．私の卒業研究はクモの休眠に関するものでした．それにしても，なぜクモなのか．なぜ休眠なのか．

　私が卒業研究のテーマを決めた経緯については，かつて新入生向けの小冊子に書いたことがあります．すこし改変したうえで，その一部を以下に再録します．皆さんの研究テーマ選びの参考になれば幸いです．

1.6.1 虫ゼミ

　話は私が大学 3 年生だったころ，ちょうどゼミに所属した時期までさかのぼります．舞台は弘前大学農学部の昆虫学研究室．当時，このゼミでは昆虫の休眠研究で世界的に有名だった正木進三教授を中心に，昆虫が温帯の季節的環境にどのように適応しているのかについて研究がすすめられていました [3]．活気に満ちたゼミでした．虫の研究をやりたい，という情熱をもった人たちが集っていました．ここでは，教員も大学院生も学部学生も関係なく，誰もが朝から晩まで虫を相手に知的格闘をおこなっていました．

　温帯にすむ昆虫はその生涯（生活史）を活動相と休眠相に分割することで，季節的環境に適応しています．温暖で餌にも恵まれる季節（夏）には活発に発育や生殖を繰り返し（活動相），寒くて餌がない季節（冬）には休眠という特殊な生理状態で眠って過ごします（休眠相）．活動相と休眠相の切り替えには，自然界でもっとも正確なカレンダーである日長を使います．昆虫たちは日の長さ（実際には夜の長さ）を測ることで季節を知り，適切なタイミングで体の状態を夏仕様（活動相）から冬仕様（休眠相）に切り替えているのです．この現象を光周性と呼びます．

　昆虫少年だった私は迷うことなくこのゼミの一員となりました．当時，このゼミでは研究材料として主にコオロギを用いていました．採集が容易で（鳴き声でそこにいることがすぐにわかる），飼育も容易（人工飼料だけで継代飼育ができる），さまざまな種が日本の北から南まで広く分布するコオロギ類は，季節適

応やその地理的変異の研究をするうえで格好の材料でした．ゼミにはいった当初は，私もコオロギを材料に休眠や光周性を研究して卒業論文を書くつもりでいました．しかし，しばらくこの分野の勉強を続けているうちに，コオロギ以外の昆虫の休眠や光周性の研究がしたい，という気持ちが強くなりました．というのも，皆と同じようにコオロギを用いて研究したとしても，すでにこの分野の先頭を走っている指導教員はもちろんのこと，大学院や学部の先輩たちにも追いつけない，と思ったからです．それと，光周性や休眠の本質を理解するためには，コオロギだけでなく，それ以外の昆虫の光周性や休眠についても一通りみておく必要がある，何となくそんな気がしたのです．

　さっそく昆虫の休眠や光周性に関する論文を手当たり次第に読んで，自分なりの材料やテーマを探しはじめました．とはいえ，自分なりの材料とかテーマなんてそう簡単にみつかるものではありません．糸口さえつかめず，悶々とした日々を過ごすことになりました．3 年生の夏くらいの話です．

1.6.2　糸　口

　その糸口らしきものがみえてきたのは，3 年生の夏休みの終わり頃だったと記憶しています．先述のように，温帯の昆虫は休眠という特殊な生理状態にはいって冬を越します．ただし，どの発育段階（卵，幼虫，蛹，成虫）で休眠にはいるのかは種によって異なります．たとえば，エンマコオロギは卵でのみ休眠します．一方，モンシロチョウは蛹でのみ休眠します．それにしても，なぜエンマコオロギは卵なのでしょうか．何か卵でなければならない理由があるはずです．なぜモンシロチョウは蛹なのでしょう．卵や幼虫や成虫で休眠してはいけない理由があるはずです．これは休眠にはいる発育段階，すなわち昆虫の休眠ステージの進化を考えるうえで重要な問いかけではないか，と思えました．

　では，どうやってこの問いに取り組めばよいのでしょうか．いろいろと考えた末に，休眠が特定の発育段階に限定されていない虫，つまり卵から成虫までどの発育段階でも休眠する虫を使えばよい，というアイデアが頭に浮かびました．休眠が特定の発育段階に限定されていない理由を明らかにできれば，逆にコオロギやチョウのように休眠を特定の発育段階に固定しなければならない理由もみえてくるのではないか，と考えたのです．これは学部学生としてはなかなか良い目

のつけどころであった，と今でも思っています．

　でも，ここで大きな壁に突き当たりました．どの発育段階でも休眠する虫，そんな都合の良い虫はいないのです．コオロギやチョウに限らず，昆虫はそもそも特定の発育段階でのみ休眠する生き物だったのです．これは困った．アイデアは悪くなかったけど，適切な材料がみつからない．時間だけが過ぎ，あきらめの気持ちが次第に強くなっていきました．

1.6.3　灯台もとくらし

　12月のある日のことでした．ゼミ仲間たちと一緒に大学構内で冬越し中の虫の観察をしていた時の話です．何気なく目をむけた校舎の壁に体長8ミリほどのちょっと大きめのクモをみつけました．よくみるとそのすぐそばに，ずいぶん小さいけれども同じような模様をしたクモがもう1匹いるではありませんか．ほかにもいないかと周囲を探してみると，すこし離れたところにもう1匹いました．今度の個体は，最初の2匹の中間くらいの大きさでした．さっそくこれらを研究室に持ち帰り，図鑑で名前を調べてみました．

　いずれもオオヒメグモというクモで，大きいのは成体（昆虫でいう成虫に相当），中くらいのと小さいのは幼生（幼虫に相当）であることがわかりました．卵こそ発見できなかったものの，冬に成体も幼生もおり，しかもいろんな大きさの幼生がいた（つまり若齢幼生から老齢幼生までいた）わけですから，このクモはいろんな発育段階（ただし卵を除く）で休眠するに違いありません．

　灯台もと暗し，でした．休眠ステージの進化を考えるうえで好都合な動物がとても身近なところにいたのです．その後，このクモの飼育もそれほど難しくないことがわかりました．ここに自分なりのテーマと材料が揃いました．こうして私は卒業研究の第一歩を踏み出すことができました．

1.7　おわりに

　私はいま生物学の教員として大学に雇われています．大学教員というのはとても恵まれた職業です．生業として，1日の多くの時間を研究活動につかうことができます．研究は肉体的にも精神的にも大変な作業ですが，ときにそれを上回

る喜びを与えてくれます．大学教員になりたい，と漠然と思うようになったのは大学院にはいった頃でした．卒業研究を通して“研究することの面白さ”を知ったことが，この職業選択に大きな影響を与えたことはいうまでもありません．

　皆さんが将来何になるのか，何をやるのか，何をしたいのか，私にはわかりません．でも今ここでいえることは，学生時代に何をしたのか，何を考えたのかは，どういう形であれその後の人生に大きな影響をおよぼす，ということです．

　大学の存在意義の一つは，研究をとおして自らを知的に鍛え上げる場を提供することにあります．せっかく大学に来たのだから，卒業研究に全力で取り組んでみませんか？　大学ならではの知的格闘を体験してみませんか？　その過程で研究（探究）の面白さが少しでも理解できたなら，それだけでも大学に来た甲斐があったというものです．幸運を祈ります！

註
1)　Tanaka K., Watari Y. (2003) Adult eclosion timing of the onion fly, *Delia antiqua*, in response to daily cycles of temperature at different soil depths. Naturwissenschaften 90: 76-79.
2)　Tanaka K. (1991) Diapause and seasonal life cycle strategy in the house spider, *Achaearanea tepidariorum* (Araneae: Theridiidae). Physiological Entomology 16: 249-262.
3)　田中一裕（2017）「正木進三先生を偲ぶ」『昆蟲ニューシリーズ』 20: pp.204-207.

❶ 木下是雄『理科系の作文技術』中央公論新社　1981年
　　作文作法に関する古典的名著．わかりやすい文章を書く術が各所にちりばめられている．
理系・文系に関係なく，卒業論文を書く前にぜひ読んでほしい．

❷ 酒井聡樹『これから論文を書く若者のために』共立出版　2002年
　　論文を書くうえでの基本的な考え方やテクニックが，ユーモアを交えつつじつにうまくま
とめられている．本章もこれと似たようなテイストで書くつもりだったが，途中で断念した．
とても真似できない．

❸ 杉山幸丸『研究者として生きるとはどういうことか』東京化学同人　2018年
　　霊長類の野外研究をけん引してきた著者が研究者を目指す若者たちに熱く語る．著者が発
見したハヌマンラングールの子殺しは，特殊から普遍につながった研究の好例である．

❹ 正木進三『昆虫の生活史と進化－コオロギはなぜ秋に鳴くか』中央公論社　1974
年
　　昆虫の季節適応に関する古典的名著．身のまわりにふつうにいる虫を材料に，巧みな実験
プランと論理を駆使し，自然界の謎をつぎつぎと解き明かした．その手腕に，高校生だった
私は感銘を受けた．本書との出会いが，弘前大学を目指すきっかけとなった．

❺ ジェームス・D・ワトソン，江上不二夫・中村桂子訳『二重らせん』講談社
2012年
　　DNAの二重らせん構造の発見によりノーベル賞を受賞したワトソンによる回想記．ライ
バルたちとのし烈な競争（先陣争い）を軸に，野心，情熱，焦り，落胆，駆け引き，閃きな
ど，最前線で奮闘する研究者たちの日常が赤裸々に描かれている．

クモの利き腕

クモ類の生殖行動はじつにユニークです．雌雄は生殖器を直接ふれあうことなく精子を受け渡します．そのため，交尾ではなく交接と呼ばれます．それにしても，いったいどうやって？

クモの雄は雌のもとを訪れる前に，まず精網と呼ばれる特殊な網をつくり，そこに腹部の生殖口から精液をたらします．これを頭部前面にある２本の触肢（正確にはその先端についている移精器官）で吸い取り，内部に貯蔵します．雄はこの状態で雌をもとめて歩き回り，雌と出会うと触肢を雌の腹部腹面にある生殖孔（開口部が２つある）に挿入し，精液を注入します．これが交接です．

クモの交接はふつう２回に分けておこなわれます．雌と対面した雄は，最初に左右どちらか一方の触肢を雌の生殖孔に挿入します．精子を渡し終えると，いったん雌から離れます．しかし，休む間もなくふたたび雌に近づくと，今度はもう片方の触肢をもう片方の生殖孔に挿入するのです．

大学院の博士後期課程に在籍していた頃の話です．２組のオオヒメグモの交接を観察していたら，あることに気づきました．いずれの雄も最初に右の触肢を雌の生殖孔に挿入したのです．その２日後，この２匹の雄を他の雌の網に導入したところ，またしても右の触肢から交接を始めました．クモの交接に関する観察や報告はたくさんありますが，左右の触肢を使う順序が決まっているなんて話は聞いたことがありません．「これって新発見？」．実験室の片隅で一人握りこぶしをつくったのは言うまでもありません．

でもその一方で，これが偶然である可能性も否定できずにいました．

そこで，新たに１００匹近い未交尾の雄と雌を用意し，交接の観察を繰り返すことにしました．今度は，それぞれの雄を３回以上，異なる雌の網に導入し，毎回左右どちらの触肢を最初に挿入するのかを観察しました．もしもオオヒメグモという種が右利きであるならば，どの雄も毎回右の触肢から交接を始めるはずです．少なくとも利き腕のようなものがあるならば，雄ごとにみれば，毎回おなじ側の触肢から交接を始めるはずです．

数週間にわたって集めたデータは何とも残念なものでした．

たしかに右の触肢から交接を始める例が多かったのですが，その差は統計的に有意なものではありませんでした．くわえて，同じ雄であっても，ある時

は右から，別の時は左から交接を始める始末でした．このクモは特に右利き
でもないし，そもそも利き腕のようなものがあるわけでもない．そう結論せ
ざるを得ませんでした．観察の初期に現れた興味深い傾向は，観察を続けて
いくうちに跡形もなく消え失せたのです．再現性がなかった，ということで
す．

何事かを言うのは，十分な観察例を集めてからでも遅くはない．そんな当た
り前のことを，この一連の観察をとおして，あらためて考えさせられたので
す．

第2章

地方ミッション系女学校はなぜ創られたのか？
― 宮城学院を事例として ―

小羽田 誠治

2.1 課題を見つける

Someone's sitting in the shade today because someone planted a tree a long time ago. （今日，木陰で休むことができるのは，ずっと昔に誰かが木を植えたからである． ── 筆者訳）

これはアメリカの大実業家ウォーレン・バフェットの言葉です[1]．彼自身はこの言葉でもって，投資における忍耐の大事さを説いたようですが，私はこれを，歴史を学ぶことの意義の1つをわかりやすくとらえた言葉としても大いに使えるのではないかと思っています．過去を知ることは，自分がこの今に存在する理由の1つを理解することであり，それはまた自分がいかに先人の努力の恩恵を受けているかを理解することでもあります．自分が今ここにいる理由がわかれば，これから何をするべきかを考える手掛かりにもなることでしょう．また，自分が先人の努力から受けた恩恵を理解することができれば，独りよがりにならず，感謝の気持ちをもって世の中に接することができるのではないでしょうか．歴史を単なる用語の暗記に終わらせて，試験やクイズに答えるためにしか学ばないのは，とてももったいないことです．そうではなく，歴史を自分がよりよく生きるための知識として活用できたなら，どれほど素晴らしいことかと思います．これこそがリベラルアーツとしての歴史の学び方と言えるでしょう．

さて，日本において，キリスト教教育をおこなう女子のための教育機関が数多くあることはよく知られています．こうした女子校の存在は，今や世界では珍

しいものになっています，それだけにその歴史を探究することは，日本の特徴を理解するのには格好の題材と言えるかもしれません．宮城学院は，日本の東北地方において最も長い歴史を持つ，キリスト教主義に基づく女性のための学校です．そこで，この東北地方を代表するこの女子校を事例にして，探究をおこなっていこうと思うのです．

　宮城学院について少し知識のある人であれば，それが明治時代 —— 正確には1886（明治19）年9月18日 —— に誕生したことも知っているかもしれません．しかし，ただその事実を "知っている" だけでは，ただ言葉としてそう覚えているにすぎません．長い歴史を持つというこの学校から，今の私たちにつながる何かを学ぼうとするならば，これを少しばかり "探究" してみる必要があるでしょう．つまり，宮城学院の長い歴史に対して，何かを "問う" ということになっていきます．

　● 宮城学院はどんな歴史を歩んできたのか？

　宮城学院の歴史を問う，ということであれば，これが最も基本的な問いではないかと思います．しかし，これではあまりに漠然としていて，何を知りたいのかがはっきりしません．歴史のすべてを知り尽くすなど，とうてい不可能なことです．もう少し問いを限定していかなければなりません．

　・宮城学院はいつから東北最大の女子校になったのか？

　・宮城学院では何を教えてきたのか？

　・宮城学院からはどんな卒業生が社会に飛び立っていったのか？

　こんな感じで，現在につながる問いは，いろいろ考えられると思います．もちろん，どれも問う価値のある問いだと言えるでしょう．そうしたなかで，私はもっと根源的なことを問いたくなりました．

　● 宮城学院はなぜ創られたのか？

　冒頭のバフェットの言葉にならうならば，今日当たり前に存在している本校も，遠い昔に誰かがこれを創り，継承してきたものです．そうであれば，そもそも宮城学院が存在している理由を理解することが，すべての始まりではないかと思うのです．

　考えてみれば，なぜ仙台という場所に，このような学校が存在しているのか，不思議ではないでしょうか．仙台を含む東北という地方は，日本史の知識をさかのぼっていっても，決して外国との交流が盛んだったというイメージはないと思います．ましてや仙台がキリスト教とどういうつながりがあるのか，言われてみれば想像もつかない人が多いのではないでしょうか．なるほど，これはじつに解き甲斐のある課題だと言えそうです．

　それでは，どのようにすればこの課題を解くことができるのでしょうか．そして，その結果はどのようなものだったのでしょうか．これからその探究の過程をできるだけ克明にたどっていきたいと思います．

　なお，「宮城学院」という学校名は現在のもので，創設当時は「宮城女学校」と呼ばれていました．本来，歴史を語るときには，その当時の名称を尊重するものですが，本章では学術的な正確さよりもわかりやすさを優先して，特に論旨に関わらない限りは「宮城学院」で統一しようと思います．こうしたことを予め断っておくのも，大事なことですね．

2.2　基礎知識を得る

　宮城学院の創立というテーマを扱うからには，まずは宮城学院の歴史について書かれた文献を読まなければなりません．長い歴史を持つ学校だけに，そのような文献はいくつもあります．学校が自ら発行した通史のなかで最も古いものは，1936年の創立50周年に発行された『宮城女學校五十年史』のようです．その後，1956年に『宮城學院七十年史』，1966年に『宮城学院八十年小誌』と，節目の時期に通史が発行されていたようですが，なかでも代表的なものは，1986年の創立100周年を記念して編纂され，翌1987年に発行された『天にみ栄え ─宮城学院の百年─』（以下，『天にみ栄え』と略記）でしょう．この本は900ページ近い大著で，他の通史を圧倒するボリュームがあります．しかもそれだけでなく，それまでに発行されたさまざまな文献をかなり網羅的に踏まえられていること，そこにさらに新しく見つかった史料を加えていることなど，詳しさや信頼性という点で優れた点が多いのです．また，今回のテーマにとってさらに好都合なことに，この『天にみ栄え』は全10章のうち，じつに最初の4章

を使って，創立までの流れを追っているのです．これが通史としてのバランスという点でどうだったかはともかく，何かを探究するにあたっては，こういう基本文献があると，手掛かりが得やすくてよいですね．

　さて，『天にみ栄え』には，どのような過程を経て創立に至ったか，ということが，詳しく書かれています．ここであえて大まかな流れを整理します．

　(1) 江戸末期から明治初期に西洋諸国が日本にキリスト教伝道に乗り出す

　(2) その影響を受けて押川方義（以下，「押川」と表記）ら日本人のキリスト者も誕生，キリスト教を広めるべく伝道活動を開始する

　(3) 伝道の対象地域が東京から地方 —— この場合は仙台 —— へと拡大する

　(4) アメリカ合衆国のドイツ改革派教会（別名「合衆国改革派教会」）も東京でキリスト教伝道を開始する

　(5) 伝道の方法の1つとして学校の設立がある

　(6) なかでも伝統的な日本社会では地位の低かった女子の救済が叫ばれ始める

　(7) そのようななかで押川とドイツ改革派教会が協力して仙台に学校を建てることとなる

　(8) そのための教師として女性宣教師エリザベス・R・プールボー（以下，「プールボー」と表記）が派遣される

　(9) これを仙台社会が受け入れて宮城学院が誕生する

　一見すると，このような説明で，宮城学院が創立した理由は解決しているようです．実際，宮城学院創立に必要な要素はほぼ出そろっていて，それらがすべて合わさって創立に至ったことは間違いありません．しかしながら，これはあくまで江戸時代末期の日本社会の変容から宮城学院が創立に至るまでの"過程の叙述"であって，"原因（あるいは要因）の探究"ではない，と言わざるを得ないのです．

　"叙述"と"探究"とでは一体どこが違うのでしょうか．根本的には，前者には"問い"が欠けています．何を解き明かしたいのか，という焦点あるいは収束点がないのです．言い方を換えると，"過程の叙述"においては，上述の（1）から（9）までの過程で役割を果たしたそれぞれの要素が，宮城学院の創立にどれほど影響したのか，という"価値づけ"がなされていないのです．"なぜ"と

いう問いを立てたからには，ただ事実を集めて順番に並べるのではなく，ぜひともこの“価値づけ”をおこなっていきたいのです．つまり，宮城学院の創立にとって“大事な要素”とそうでないものをできるだけ整理することが，このテーマの探究に求められているのだと言えるでしょう．

▋2.3　仮説を立てる

　こうしてテーマの方向性が定まってきたのですが，あらためてもう一度問いを確認しておきましょう．

●宮城学院はなぜ創られたのか？

　しつこいですが，探究を進めるためにはこの焦点を見失ってはいけません．通り一遍の知識を得るために通史を学ぶのとは，意味も目的も違うのです．

　それでは，この問いをどういうふうに探究していけばよいのでしょうか．まずは“答え”の形を想像してみましょう．「なぜ○○なのか？」という問いに対しては，「××だからだ」という答え方が原則になることはわかると思います．そして，お勧めなのは，わりと早い段階で「××だからだ」という答えを用意してしまうことです．ただし，それは“まだ確実ではない”という前提のもとで用意することになります．いわゆる“仮説を立てる”ということです．本テーマでもこの段階で仮説を立ててみたいと思います．

　ところで，一般的に，仮説には単純なものを複数用意するのがよいです．複雑な仮説を立てると，一体何を知りたかったのかわからなくなる危険があります．また，仮説は“まだ確実ではない”という前提なので，これを１つしか立てないと，もし違っていたときに大変になります．あるいは逆に，もし違っていたら大変になるということを恐れて，その仮説を無理やり答えにしてしまうような“決めつけ”行為に走りたくなってしまいます．それは正しい探究の姿勢ではありません．ついでに言うと，仮説が１つどころかまったく思い浮かばない場合，それは“問い”に対する基礎知識が不足しているか，そもそも“問い”が探究者に合っていないということだと考えたほうがよいでしょう．前者であれば，文献を探して基礎知識を得ましょう．後者であれば，潔く問いを変えましょう．

　話は戻って，本テーマの場合は具体的にどのような仮説が考えられるでしょうか？

　まず，宮城学院を構成する大きな特徴（要素）は，「仙台」「キリスト教」「女性」ですね．前節でまとめた『天にみ栄え』の概略を見ても，それがわかるかと思います．となると，これらの3要素がどのように組み合わさって，学校という形で誕生するに至ったのか，ということを調べていくことになるわけです．

　歴史研究において，個別の出来事・事件の直接的な原因を探るには，"誰（人物）が何のため（目的）に"ということを理解するのが基本だと言えそうです．というのも，学校というものは，決して自然に湧きあがってくるものではありません．ならば，"誰（人物）が何のため（目的）に"建てたのかが必ずあるはずです．

　なお，個別の出来事・事件であっても，それを当事者たちの直接的な意思を超えた"時代背景"という大きな文脈でとらえる，という視点もないわけではありません．たとえば，本テーマでは，アメリカから宣教師が仙台にやってくるためにはある程度の交通網の整備が必要ですので，「交通網の整備が進んでいたから」という理由もあるかもしれません．しかし，そうすると話が複雑になるので，今回はあえて仮説に入れず，知りたいのは学校設立に関わった人たちの意識だというように限定することにします．

　以上をふまえると，この場合，"誰が"については大きく「仙台の市民」「仙台以外の日本人」「外国人」の3つに分けられるでしょう．"何のために"については「キリスト教を広めるため」「女性を教育するため」が想定されるのではないでしょうか．とすると，考えられるパターンは以下の表のようにまとめられることになります．

		人　物		
		仙台の市民	仙台以外の日本人	外国人
目的	キリスト教を広める	A	C	E
	女性を教育する	B	D	F

　すなわち，AからFまでの6通りの仮説が想定されることになりますが，それぞれの当否を検証すれば，課題の真相に近づくことができるというわけです．

2.4　仮説を検証する

　歴史研究においては，検証は基本的に"史料"を調べることでおこないます．過去のことですから，実験するわけにはいきません．比較的近い過去であれば"経験者の証言"が重要になる可能性もありますが，それにしても証言のみでは当事者の主観が紛れ込む危険があるので，やはり史料は手放せません．どんな史料が有効かは，仮説によるところがありますので，これからそれを具体的に見ていくことにしましょう．

●仮説A　「仙台の市民はキリスト教を広めたかったのか」の検証
　『天にみ栄え』には，次のような記述があります [2]．これは学校創設のために仙台に訪れたアメリカ人宣教師プールボーが書いた手紙の引用です．

> 　仙台に来てみて，非常に多くの人々が非常に熱心に私達の来任を待っていたことを知りうれしく思いました．私達が仙台に着いたのは午後十一時三十分でしたが，仙台市のはずれまで沢山の信者の方々が迎えに来ていて，特に婦人達が目に涙をうかべて胸もさけんばかりの表情で『本当に長いことお待ちしていました.』と声をかけてくれました．

　これを読むと，当時の仙台にはたくさんのキリスト教信者がおり，街を挙げてプールボーを歓迎したような印象すら持ってしまうかもしれません．しかし，ここで注意が必要です．これはあくまでプールボーからはそう見えた，というだけのことです．
　ここでは仙台市民がキリスト教に対してどう考えていたのか，が問題ですから，もう少し市民の側に立って認識を調べる必要があります．もちろん，市民といってもいろんな人がいるので，一概に言うのは難しいのですが，それでもできるだけ客観的である必要があります．ある街の雰囲気を客観的に記録したものといえば，新聞が有力です．そこで，当時仙台で発行されていた『奥羽日日新聞』を調べてみることになります．
　宮城学院に関係する記事は，1886年7月頃に登場します．冒頭で述べた通

り，創立は1886年9月18日ですから，じつに2ヵ月前にようやく話題になる，という程度です．そして，創立後のことになるのですが，10月21日には以下のような記事が出ているのです [3]．

> 米國女教師の設立に係る東二番丁の女子英語學校は，基督教の旨意に基いて普通教育を授くる者なれど，世人は基督教の三字ある爲め，同校を宗教學校即ち比久尼養成所と見做し，入學の志願者は至りて少なき趣きなり．（中略）尤も彼れも我國の教育を普洽せしめたき目的を以て女子英語學校を設けしものならば，暫らく世人の嗜好に從ふて基督教の三字を顯彰せざるこそ得策たらしめ，基督も珍珠を豕に投するを戒め賜へり．

　宮城学院は，「2.1. 課題を見つける」の最後にも書いた通り，創立当時の名称は「宮城女学校」でしたが，当時の新聞では「女子英語学校」と呼ばれていたようです．そして，キリスト教を掲げているがために入学志願者が少なかったこと，人びとの嗜好を汲んでキリスト教はアピールしないことにしたこと，が読み取れます．

　このように見ると，「仙台市民はキリスト教を求めた」という仮説は疑わしい，と言えそうですね．もちろん，この仮説を裏付けるような史料が今後見つかる可能性は否定できませんし，新聞記事よりもプールボーの手紙のほうが信頼できると主張することもできないわけではないですが，私としては否定的な結論を出さざるを得ない，ということです．

●仮説B 「仙台の市民は女性を教育したかったのか」の検証

　この仮説については，直前に見た史料もヒントになります．すなわち，宮城学院は「女子英語学校」と呼ばれており，その理由はキリスト教を目立たせないため，だったという事実です．女性への教育は，ある程度求められていたことがわかります．ただ，その程度をもう少し正確に知りたいところなので，ここは宮城学院から視野を広げて，仙台の女子教育に関する文献を調べてみることにします．

　仙台の歴史の概要を知るためには，仙台市史編さん委員会による『仙台市史』が便利です．全32巻構成のうち，本テーマに関わるものは，『仙台市史（通史

編6 近代1)』2008年です．その第10章「明治期生活の諸相」の第三節「明治の社会と女性」のなかに「三　女子教育と裁縫教育」という項目があり，これが手掛かりになりそうです．以下，内容を一部引用します．

> 　一八七二年（明治五）に「学制」が公布され，学齢児童は男女の別なく小学校に入学することになった．しかし，女子の就学率は低く，一八七六年（明治九）の文部省統計では，宮城県の就学率は男子約五九パーセントに対して，女子は約八パーセントにすぎなかった．
> 　一八七六年（明治九）に，宮城県が属する第七大学区の教育会議が仙台で開かれて，女子の就学率を上げるために満一〇歳以上の女子に裁縫教育を実施することが決まった．（中略）
> 　裁縫科の導入は民衆の女子教育の要求に応え，明治三十年代後半には，県内の小学校の女子就学率は九割を超えた．女子の就学率の向上は女子中等教育の充実を促した．

　少し長くなってしまいましたが，この記述から，明治時代の仙台の女子教育は以下の3ステップを踏んだことがわかります．
　①　明治初期は女子の就学率は非常に低かった．
　②　女子の就学率は裁縫教育や裁縫科の導入によって向上した．
　③　女子の就学率向上は中等教育の充実を促したが，それは明治30年代後半だった．
　何度も見ているように，宮城学院の創立は明治19年ですから，これは③の前に当たります．その当時の仙台では，ちょうど女子教育への関心が高まっていたようではあります．しかし，一方であくまで裁縫教育への関心が強かったということもわかります．「女子英語学校」という別名でキリスト教への風当たりを弱めることで，仙台市民の歓迎をある程度は受けたかとは推測できますが，「仙台の市民が女子教育を求めたから宮城学院が誕生した」と言うには，少し話が遠いのではないかと思います．

●仮説C　「仙台以外の日本人はキリスト教を広めたかったのか」の検証

　「2.2. 基礎知識を得る」で確認したように，仙台以外の日本人とは，ここでは宮城学院の創設に関わった押川方義を代表とします．押川は，キリスト教を伝道

するために宮城学院を建てたかったのか，ということです．これについては，押川自身がキリスト者ですから，可能性は高いと予想されますが，これもまた史料を用いて検証しなくてはなりません．

　そもそも仙台の人間ではない押川がなぜ仙台にいたのでしょうか．詳しいことは省きますが，押川は1880年に仙台に来て，翌1881年に仙台教会を創設しています．これが今の仙台東一番丁教会につながるのですが，つまりはキリスト教伝道のために仙台に来たのだとわかります[4]．

　しかし，教会を建ててキリスト教伝道活動をしていた押川が，なぜ学校を建てることになるのでしょうか．これについては，1883年のこととして，『天にみ栄え』に以下のような説明があります[5]．

　　　押川は吉田と二人だけで東北地方全域の伝道のために東奔西走するだけでは人材も資力も不足であることを痛感し，嘗て押川の師ブラウンが「私は日本に福音を伝える一番良い方法は日本の青年を教育することだと信じている．考えても見たまえ．二十人の日本人伝道者を私の学校で教育するとしたら，二十人のブラウンが世の中へ飛び出して行くことになるのではないか．これらの人々は私がするよりももっと立派なより大きな事業をすることが出来るのではなかろうか．これらの人々なら国民の風俗もわきまえているし，日本語も話せるのだが，私では国民に対する理解も，言葉も極めて不充分である．この理由から私は日本の青年の教育にあたったのである．」と言ったことを思いおこし，福音を宣揚することは教育事業と相俟ってこそ成果を挙げうるものであると考えるに至った．

　厳密に考えると，この引用箇所の扱いには注意が必要です．なぜならば，押川の師ブラウンが本当にこのような言葉を発したのか ── 少なくとも英語だったはずです ──，出典を明らかにしなくてはいけませんし，また押川は本当にこの言葉が理由で教育事業に注力していくことにしたのかについても，根拠を示す必要があるからです．押川自身がそう言ったのであれば，それを出典として示すべきですし，『天にみ栄え』がそう推測したにすぎないのだとすれば，そのように書くべきですね．

　とはいえ，押川がキリスト教伝道に熱心だったことや学校を建てたことは事実なので，そのきっかけの部分について多少あやふやなところがあっても，大きな間違いはないと考えることにします．つまり，この仮説は正しそうです．

●仮説D　「仙台以外の日本人は女性を教育したかったのか」の検証

　ここでも同様に押川について見ていきます．直前に引用した文には，"青年"とはあっても"女性"という言葉はありません．つまり，押川が女性への教育についてはどのように考えていたのかを，別に検証する必要があるというわけです．

　押川が女子教育について明示的に語ったのは，私が調べた限りでは1885年のことです．後に述べることになるアメリカ人宣教師の一人であるA・D・グリング（以下，「グリング」と表記）と会談をおこなったとのことです．『天にみ栄え』にもその概要は記載されていますが，より原典に近いのは，グリングの言葉を直接引用したとする『東北学院百年史』なので，そちらを引用します[6]．

　　　押川兄弟は在室で，すぐに戸口まで出て来た．その時，その場所で，私は初めて彼と知り合ったのである．日本語で行なわれた私たちの会話は，ただちに仙台からの要望へと入り，押川兄弟は私が外国伝道局に対する私自身の影響力を行使して，男子校と女子校を仙台に開設するように働きかけることを強く勧めた．

　ここだけを見ると，押川は女子校の設立を提案したかのようにも読めます．しかしながら，じつはそうでもありません．というのは，仮説Fの検証で詳しく触れるつもりなのですが，女子校の設立はグリングのほうで構想していたことで，この会談の趣旨は，その場所として押川は仙台を勧めた，という文脈だからです．そして，押川が女子校について語ったらしき史料はこれくらいしか見つけられていません．となると，彼のおこなった事績から推測する，ということになります．

　この点について1つ補足しておくと，『天にみ栄え』や『東北学院百年史』を調べる限り，押川が宮城学院の設立に協力的だったことは間違いありません．特に手続き面においては，まだ外国人に対する警戒が強かった日本において，アメリカ人宣教師のために書類を整えるなど，貴重な役割を果たしています．押川の協力なしに宮城学院を創設することは非常に困難だったということはわかります．そういう意味で，「宮城学院はなぜ創られたのか？」という問いに対して，「日本人キリスト者の協力が得られたから」という理由もまた，答えの1つになるかもしれません．しかしここでは，彼らが創設を求めたのか，という仮説に対

する検証が主眼になるので，他にも根拠を探す必要がありそうです．

　押川の過去の活動はどうだったでしょうか．彼はキリスト教の伝道以外に，自由民権運動に深く関わっていたことが，『東北学院百年史』や伝記[7]などからわかりますが，女子教育については特に書かれていません．そして，彼自身が実際に創設から教育まで熱心に手掛けたのは男子校のほうの「仙台神学校（現在の東北学院）」でした．要するに，押川の女子教育に対する強い信念も明確なビジョンも，確認できる史料は見つかっていない，ということになります．

　以上から，この仮説は根拠が不足しているため，どちらかはっきりと結論を出すには至らない，ということになるかと思います．

●仮説E　「外国人はキリスト教を広めたかったのか」の検証

　「2.2. 基礎知識を得る」でも触れたように，宮城学院の創設に深く関わったのは，アメリカ合衆国のドイツ改革派教会という教派でした．各教派が日本で伝道をおこなうなか，他派に少し遅れながらも日本に宣教師を派遣することにしたのでした．そのあたりの顛末（てんまつ）を『天にみ栄え』で確認しておきます[8]．

　　　一八七三（明治六）年四月十五日にペンシルヴァニア州の州都ハリスバーグの
　　ケルカー（Rudolf F. Kelker）宅で開催された会合において「日本という国は，伝
　　道の機会が開かれたからには，我が『合衆国改革派教会』が伝道を開始すべき国
　　である．」という声が強くなり，日本に対する関心が非常に強まり，いわゆる東洋
　　伝道として中国か日本かいずれかの国にミッションすなわちその地に伝道拠点を
　　置く宣教師社団（たとえば在中国宣教師社団とか在日宣教師社団）を設置して伝
　　道を開始しようというところまで来た．そしてそのいずれの国を選ぶかの最後の
　　調査が外国伝道局長デーヴィッド・ヴァンホーン（David Van Horne）博士に委
　　嘱された．（中略）そして多くの審議と熟考とが続けられたが，フェリスの「日本
　　こそがキリストの福音の種子が播かれ，収穫されることを待ちのぞんでいる国で
　　ある．」との言葉により，日本を特に東洋伝道開始地域と決定した．（中略）更に，
　　一八七六（明治九）年の総会では，総会議長チャールズ・H・ラインバッハ博士が
　　「我々が新しい伝道の地と定めた日本は優れた宣教師が一日も早く派遣されて来る
　　ことを待ちのぞんでいる．そして当分の間は『米国改革派教会』と提携して伝道
　　を行なうことにした．」と述べている．

やや長くなってしまいましたが，日本にキリスト教を伝道したいという強い意欲が感じられる記述ではないでしょうか．これだけでも，宮城学院創設の目的にドイツ改革派教会によるキリスト教の伝道が関わっていることは容易に推測できそうですが，日本伝道と仙台での学校創設とはやはり事柄が違いすぎますので，もう少し直接的な根拠が欲しいところです．

詳細は省きますが，ドイツ改革派教会による伝道活動は着々と進み，仮説Dの検証のところで見た押川の勧めもあって，教会側は仙台に学校を創ることを真剣に検討し始めます．その流れで，女性宣教師のプールボーを派遣したわけですが，彼女のとある手紙にその決定的な根拠を見つけることができます[9]．

　　第二に，モールご夫妻は仙台には転任しないと明言されましたので，私たちにはどうすることもできません．東京には創設されて久しい多くの学校がすでにあり，私たちが大きな成果を挙げることは望めないと思います．モール氏は，私たちにフキサワ〔ママ〕＊〔福沢諭吉〕氏が計画中の女学校の教師になることを勧めてくださいましたが，その学校では，キリスト教を全く教えておりません．グリング氏がこの勧めに反対なさいましたので，私たちは仙台での任務を選びました．

モールとグリングは，プールボーより前に東京に派遣されていた宣教師ですが，この手紙の文面からは，ドイツ改革派教会の全員が仙台行きを支持していたわけではなかったこと，プールボーはキリスト教を教えるために仙台に行くことを選んだこと，がわかります．ドイツ改革派教会はただ押川に勧められたから仙台を選んだわけではなく，宣教師たちそれぞれが東京との比較のうえで判断していたということです．そして，プールボーにはキリスト教を教えないという選択肢も提示されていたのですね．こうした「仙台でキリスト教を広める」以外の選択肢を振り切って決断していたという事実は，仮説の検証としては非常に有力なものと言えます．

ここの結論として言えそうなことは，当初からキリスト教の伝道を目的として日本にやって来たドイツ改革派教会は，その初志を貫徹するべくキリスト教を広めるため，戦略的に仙台という地を選んで学校創設に向かった，ということです．

●仮説F 「外国人は女性を教育したかったのか」の検証

いよいよ最後の仮説の検証となりました. これについては, すでに今まで見てきた史料のなかにも多くのヒントが存在していたようにも思いますが, それでもできるだけ明らかな根拠を示すように心がけましょう.

ドイツ改革派教会宣教師のなかで最初に日本に派遣されたのはグリングでしたが, 『東北学院百年史』によれば, 彼は来日4年後の1883年に, 次に派遣されることになっていたモールへ, 次のような手紙を出していたようです[10].

> 私たちはどこかに青年男女を教育する場所を持たなければなりません. 彼らは私たちの活動が進展するにつれて, 影響力を持つようになることが期待されます.

これは, 他教派がすでに男子校や女子校を設立して成功を収めていたことにならったものですが, 仮説Dの検証の際に見た押川の言葉が発されるより2年も前に, すでにグリングには女子校の構想があったのです. 押川はその場所として仙台を勧めたにすぎないと言えます.

また, その翌年のこと, 今度はグリング夫人が, アメリカ本国のドイツ改革派教会外国伝道局宛てに請願文を送り, 次のように述べているのです[11].

> 私たちは, 近い将来, 他の教派と同じように, 輝かしい女学校を築地に開設することを心から望んでいます. (中略) 私たちはまた2人の有能なキリスト者の女性教師を迎え, 少女たちと一緒に校内に住み, 彼女らを世話し, 彼女らを愛し, 彼女らを養育しなければなりません.

こうした要望を受けて, 外国伝道局は日本に派遣する女性宣教師を新たに募集したのでした. そんななかで日本行きを志願したプールボーですから, きっと女子教育についてのビジョンを持っていたはずです. プールボーのことはプールボー本人に聞け, とばかりその書簡集を調べると, 以下のような文章が見つかります. 1886年6月1日, アメリカを出発するにあたっての言わば決意表明の挨拶文です[12].

　宣教活動の当初より，私たちは，救い主の光と愛を海外に広めるための宣教師たちの努力と成果を，共に喜び合ってまいりました．しかし，改革派教会の働きを確実に日本で根付かせるために，女性のための女性による働きを軽んじてはならないことは，賢人の知恵を持たない身にも予見できるところでした．日本の女性のために，その生涯を捧げる女性を教会が求めていることを知ったとき，直ちにそれが私自身に向けられたものと受け止めました．（中略）

　海の彼方にも，明るい少女たちの顔と，幸せな子供たちの歓声や喜びに溢れた無数の家庭があることでしょう．けれども，ああ，悲しいことに，その家庭は偽りの土台の上に築かれており，子供たちの明るい人生の中に，良き未来を約束するものではありません．短い子供の時期は，たちまちのうちに過ぎ去り，明るく美しい少女時代は失われ，空しく苦しみの多い，おそらく悪と犯罪と永遠の絶望の人生が彼女たちには残されるのです．それがいかに忌わしくとも，彼女たちは何の抗議もできないのです．女性たちは，女性の神聖な権利のすべてを否定されながら，そこで生きているのです．自分と自分の国に救いを見出せず，絶望の淵から救い出してくれるものを追い求めて生きています．彼女たちの手が私たちに向かって差し伸べられ，私たちに助けを求めているのです．その叫びに応えて，救いの手を差し伸べずにおられるでしょうか．

　もっとも，当時のプールボーはまだ日本に来たことがなく，日本の女性たちの境遇を直接見て知っていたわけではありません．ですから，日本社会のことを正確に理解したうえでの発言とは言えない部分もありそうです．ですが，日本の女性への教育の必要性をどれほど強く感じ，そのために学校を創ろうとしたか，この点については疑いようのないものだと言えるでしょう．

　こうして，ドイツ改革派教会は伝道開始後まもなく日本における女子教育の必要性を認識し，それに向かって積極的に活動していた，ということが検証できました．こうしたなか，最終的な場所として東京ではなく仙台が選ばれた理由については，仮説Eの検証で見た通りです．宮城学院は外国人が女性を教育するために創設した，という仮説は正しそうです．

2.5 結　論

　以上，提示した6つの仮説について順に検証してきました．検証の結果，「宮城学院はなぜ創られたのか？」という問いに対する答えとして，適切そうなものとそうでもなさそうなものがあったように思います．ここで，全体を振り返るために，大雑把ではありますが，仮説の当否を3段階に分け，適切そうなものには〇，どちらとも考えられそうなものには△，あまり適切ではなさそうなものには×をつけるという形で整理し，その結果を表にまとめると次のようになります．

		人　物		
		仙台の市民	仙台以外の日本人	外国人
目的	キリスト教を広める	×	〇	〇
	女性を教育する	△	△	〇

　すなわち，宮城学院は外国人をはじめとする仙台外部の人間により，キリスト教の伝道を中心としつつ女性の教育も推進するため，創設されたと言えます．もう少し固有名詞を出して特定するならば，アメリカのドイツ改革派教会が日本人キリスト者の押川方義らの協力を得て，ということになります．一方，仙台市民にはキリスト教よりも女性のための教育機関として受け入れられたことで，宮城学院の創設が市民の理解を得ることができ，発展をもたらしたということも，同時にわかります．また仙台以外の日本人については，たとえ積極的に求めたとは断定できなくても，手続き上重要な存在だったことも，ついでに確認できましたね．

　歴史というのは確かに事実の流れを記したものですが，ただ歴史事実を追うだけでは，いろいろな事柄が複雑に絡んで物事が進んでいる，ということしかわからなかったり，あるいは逆に特定の人物にスポットを当てて単純化し過ぎたり，ということが起こりがちです．そうしたなか，「宮城学院はなぜ創られたのか？」と問いを明確にすることによって，そこに関連する要素は何かを整理することができるようになります．また，その過程において，「本当にそうなのか？」

と絶えず自問自答することにより，単なる推測なのか，史料という根拠に基づく
ものなのか，1 つひとつ解決していくことができる，ということにもなります．
こうして得られた知識は，ただバラバラに存在する事実を暗記した，というもの
ではなく，それぞれがつながりをもって理解できている，という点も重要です．
この事例を，歴史を探究する方法の 1 つとして学んでもらえると，幸いです．

　最後に，この問いに対する探究は，決して「最終的な答えが見つかった」とい
うわけではない，ということも補足しておきます．たとえば，押川の意識につい
ては，曖昧のままのところがありました．あるいは今回は「仙台の市民」とざっ
くりと括りましたが，同じ市民でもより細かく見るといろんな立場がありそうで
す．そんなふうに，探究すればするほど問いが見つかり，また精度も上がってい
く，というような経験もまた，探究の醍醐味ではないかと思います．

註

1)　Kilpatrick Andrew *Of permanent value : the story of Warren Buffett, Updated and Expanded Edition* McGraw-Hill 2001 p.1063.

2)　『天にみ栄え ― 宮城学院の百年 ―』学校法人宮城学院 1987 年 158 頁．なお，同様の内容のもの
　　は，出村彰監修・飯塚久栄及び MG 会翻訳『E・R・プールボー書簡集』学校法人宮城学院 2007 年
　　の「第 8 書簡」でも確認できます．

3)　『奥羽日日新聞』明治 19 年 9 月 26 日．

4)　『天にみ栄え』73 〜 78 頁．

5)　同上，80 頁．

6)　東北学院百年史編集委員会『東北学院百年史』学校法人東北学院 1989 年 172 頁．

7)　たとえば，藤一也『押川方義 ― そのナショナリズムを背景として ―』燦葉出版社 1991 年などがあ
　　ります．

8)　『天にみ栄え』82 〜 83 頁．

9)　『E・R・プールボー書簡集』「第 8 書簡」．

10)　『東北学院百年史』169 頁．

11)　『天にみ栄え』109 頁掲載の原文は「Our hearts are all centered upon, and we are
　　heartily wishing and earnestly praying that, in the near future, we may have a
　　flourishing girl's school here in Tsukiji, such as the other Missions have. (中略) We must
　　have also two competent Christian lady teachers, to live in the school with the girls, to
　　care for them, love them, and train them.」翻訳は筆者によるものです．

12)　『E・R・プールボー書簡集』「第 5 書簡」．

❶　稲垣恭子『女学校と女学生 ― 教養・たしなみ・モダン文化』中央公論新社　2007 年
"女子も教育を受ける"という，今の日本では当たり前になっていることが，つい 100 年
ほど前には当たり前ではなかったという事実を，社会の目や当事者たちの意識にも入り込み
ながら克明に描き出した本です．

❷　磯村英一『実録　はね駒 ― "女"を先駆けた磯村春子の生涯』開隆館出版販売
　　1986 年
本稿で題材として扱った宮城女学校（現宮城学院）の第 7 回卒業生である磯村春子の一生
を，彼女の長男が描いた伝記です．当時の日本女性としては破格の活躍ぶりを見せた彼女は，
NHK テレビドラマの主人公のモデルにもなっています．

❸　遠藤周作『女の一生 ― 一部・キクの場合』朝日新聞社　1982 年
舞台は長崎になるが，江戸末期から明治初期にかけて，日本ではキリスト教がどのように
見られていたかを考える手掛かりになる本です．女性を主人公としている点でも，本稿と関
連しそうなテーマです．

❹　日本キリスト教文化協会編『近代日本にとってのキリスト教の意義 ― 明治一五〇
　　年を再考する』教文館　2019 年
タイトルに示すテーマについて，5 人の著者がそれぞれの専門分野の見地から概説した本
です．講演会の原稿をもとにした比較的読みやすいものが多いです．第 4 章と第 5 章が特に
本稿との関連が深く，背景を理解するのに役立ちます．

❺　森本あんり『キリスト教でたどるアメリカ史』KADOKAWA　2019 年
本稿もそうでしたが，日本のキリスト教系学校はアメリカ人宣教師が積極的に関わってい
るものが多いです．では，そのアメリカのキリスト教はどんな歩みをたどったのか．このよ
うにして興味の幅を広げていけるとよいですね．

コーヒー豆との闘い
― 日常生活における私の探究 ―

コーヒーが好きな私は，コーヒー豆を自分で焙煎しようと思い立ちました．コーヒー豆というのは，生では飲めたものではなく，手間暇をかけて ―― といっても1工程30分程度ですが ―― 焙煎して，はじめて美味しくなるのです．そんなコーヒーですが，普通はすでに焙煎してあるものを店から買ってくるものでして，自分で焙煎している人など聞いたことがありませんでした．焙煎には特殊な機械が必要だという思い込みもありました．

ところが，YouTubeで知った「煎りたてハマ珈琲の濱さん」による実演動画を見ると，なんと家庭のどこにでもある"片手鍋"を用いていて，とても簡単そうなのです．これをマスターすれば，自分の好きな種類の豆を生で安く買い，好きなように焙煎し，好きなようにブレンドもできます．とても魅力的に思えたので，早速始めることにしたのでした．

学ぶは真似るなり．はじめは動画を徹底的に真似しました．何度か失敗しましたが，思いのほかすぐにうまくできるようになりました．本当に簡単だと思ったものです．ところが，「せっかくなら一度にたくさん焙煎しよう！」と豆の量を多くした瞬間，罠にはまることになったのでした．全然美味しくないのです．なぜ？ と途方に暮れました．

しかし，そこから新たな探究が始まったのです．

どうすれば美味しいコーヒーをたくさん焙煎できるのでしょうか．この"問い"に答えるためには，ただ先人の動画を真似するだけではダメなのです．何が美味しさにつながり，何が不味さにつながるのか．これがわからないと，ちょっとした変化に耐えられなくなるのです．本当にわかっているとは，どんな状況にも対応できること．これはあらゆる分野に通じる真理ではないかと思います．そして，そうなるためには"探究"が求められるのです．もし焙煎のプロの先生が身近にいたなら，答えを聞いてしまえばよいのかもしれません．とはいえ，"片手鍋焙煎"という特殊な方法でもあるし，そんな先生は見つかりそうにありません．となると，できることは本やインターネットで焙煎についての正しい知識を得ることと，それを片手鍋で応用することしかありません．

あまり専門的な話は避けますが，大事な要素は「時間」「温度」「水分」だということがわかりました．「程よい時間をかけて豆の水分を飛ばしながら温度を上げていく」ことで，美味しいコーヒーが生まれるようです．その塩梅が，焙煎したい豆の量が変わると，大きく変化するのです．私の専門は歴史学 ── コーヒーの歴史にはそれなりに詳しい ── ですが，化学の知識にも詳しくなりました．「この温度で○○という酸が××などに分解されるので，それまでに△△という状態をつくらなくてはならない．そのためには，□□の時点で火を小さくしておいたほうがよいだろう」というふうに．

ただし，これはじつはあくまで"仮説"．本当にそうかは，実際に焙煎して"検証"しなくてはなりません．仮説が間違っていれば，残念な味のコーヒーのできあがり，なのです．しかし失敗は成功のもと．次があるのです．

こうして数週間にわたる悪戦苦闘，否，（コーヒーだけに）苦くも楽しい探究を経て，ついに美味しいコーヒーを安定して焙煎する知識と技術を身につけることができました．焙煎の意味を問い，自分の方法を創り，また少し豊かに生きることができるようになった瞬間でした．

松本　周

第❸章

どうして私は研究しているのか？
―日本社会とキリスト教・宗教の
関係を探究し続けて ―

▌3.1　はじめに

　私の専門はキリスト教社会倫理という分野です．名称だけではどんな学問か
わかりづらいかもしれません．そこで"キリスト教社会倫理"と一続きになって
いる言葉を分解してみます．"キリスト教"と"社会"との関係を"倫理"の視
点から探究する学問領域．このように表現すると，いくぶん理解しやすくなった
でしょうか．じつはこの"分解"という手続きは，何かを探究し理解する場面に
おいて有効な手法です．分解とは"分かる"ことと"解る"ことです．

　私たちは，即座には理解できない物事に直面したとき，対象自体をいきなり
丸ごと理解しようとしても難しいという事態はよくあります．その時には，対象
を分解して各パーツの分かる／解るから理解の端緒を掴んでいきます．もちろん
部分的理解だけでは対象全体を理解したことにはなりませんので，その先には各
部分についての理解を対象全体の理解へともたらしていく"総合"という作業が
必要になります．本章では私の自分史と探究歴を振り返りながら，探究における
"分解"と"総合"について，ご一緒に考えてみたいのです．

▌3.2　キリスト教を研究するということ

　私たちが生活している日本社会において，日常生活にキリスト教との関わり
はほとんどないと感じられるのではないでしょうか．その実感を視覚的に確認で
きるよう，『宗教年鑑』統計に基づくグラフ（図3-1）を示しました[1]．文化庁

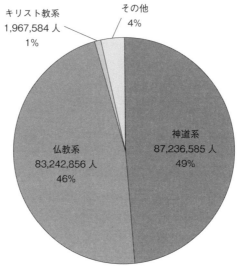

図 3-1　日本の宗教信者数
（2021 年 12 月末現在）

宗務課が，日本社会における宗教の状況を毎年調査して統計を発表しています．
それによれば，日本社会におけるキリスト教信者の割合は約 1％です．日本社会
とキリスト教との関わりが薄いと感じられるのは，こうした人口比率であること
も理由の一つと考えられます．

　それでは，社会的存在感がこれほどまでに希薄な“キリスト教”がどうして
私の研究対象になったのか．そのことについて，以下で述べていきたいと思いま
す．

3.3　私の家庭の宗教環境

　日本社会における宗教として，“神道系”や“仏教系”は大きな割合を占めて
います．これらが日本社会によくあるという意味での“一般的”宗教環境だとす
るなら，私の家庭は約 1％の少数派に属する宗教環境です．私自身はキリスト教
徒，詳しく述べると祖父の代から 3 代目になるプロテスタント・キリスト教信
者です[2]．この環境においては幼少期から，自分（と自分の家庭）は，周囲の日

本社会とは相当異なっていることを意識せざるを得ませんでした．「なぜ，自分の環境は周囲と違っていてキリスト教なのだろう？」「社会に対して異質なキリスト教信仰であることに意味があるのだろうか？」こうした悩みを含んだ疑問を持っていたのが，幼少期からの私でした．

　この精神状況を図式化してみると図3-2のようになります．そして私は成長するにつれて，この精神的葛藤に自分なりの解決策を見いだしました．それが「宗教は心の問題，社会の動きは宗教とは無関係」という理屈です．これにより，キリスト教信仰を自分の心の中だけに押し込め，社会生活はキリスト教とは異なった環境へ順応することで調和を図ろうとしたわけです．これが当時の私にとってはとりあえずの解決策だったわけですが，それは一時しのぎにすぎないことは少し考えればわかる話です．学校に通っている期間はともかくとして，社会に出て働くようになれば，日本社会の"一般的"通念と自分自身のキリスト教的考え方が衝突してしまうことは明らかだからです．

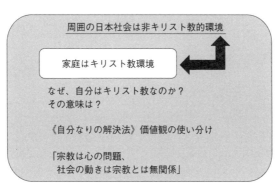

図3-2　幼少期からの悩みと疑問

　今になって振り返ってみると，私は親から受け取ったキリスト教それ自体に忌避感情を持っていたわけではないようです．ただ，社会環境と自分の信仰との軋轢（あつれき）に悩んでいたのです．そして日本社会と自己との違和感や葛藤を覚えるたびに，キリスト教と関わっている自分だけが"不自由"を被っているような閉塞感が私の中に存在していました．「自由になりたいな」漠然とそんなことを考えていました．

3.4　大学進学における転機

　状況を変化させる機会の訪れたのが，大学進学の場面です．上述のようにキリスト教的な世界観に浸っていた私は，進路選択で一つの方向性を意識しました．それは自分の違和感の基となっている"日本社会"について学んでみたいということです．しかもその違和感はキリスト教に起因していましたから，私は大学で"日本社会や日本文化の背景にある宗教"について学ぼうと思いました．そうすることで，自分自身が感じているものを言語化できるのではないかと考えました．また，それまで生活の中で浸っていたキリスト教というものを客観視できるようにもなるのではないかと考えたのです．

　現時点から振り返って記すと，高校生の頃から整理して考えているようですが，実際にはもっと感覚的なもので，要するに「大学受験を機にキリスト教世界を飛び出して，外からキリスト教を見てみよう，自由になりたい！」といった動機でした．かくして私は，複数の大学で宗教学科，仏教学科などを志望し受験したのです．

　その結果は，すべて不合格でした．そして私は，当初志望とは異なった大学へ入学することになりました．いわば不本意入学の形となった入学先は，なんとキリスト教大学の欧米文化学科でした．先に述べた"外からキリスト教を見る，自由になる"という目論見は大失敗に終わったと思ったものです．ところが，この大学で私は現在にまでつながる学問分野・恩師・研究テーマとの出会いを経験することになりました．長い前置きになりましたが，本章の主題に関わる"探究"がここから始まりました．

3.5　新しい視点で，社会とキリスト教とを探究する

　大学に入学して間もなくのことです．私はこの大学の精神を提示した，次の文章を読みました．

　　プロテスタント・キリスト教は，特に近代世界の成立と展開に独特な貢献を果

たしてきたが，それゆえまた，現代社会において固有な責任を負っている．本大学は真剣な学術研究と生きた教育，霊的強化とを通して，このプロテスタント・キリスト教の現代文化に対する責任という世界史的課題を大学形成において遂行し，希望ある世界の形成に寄与せんとする[3]．

　大きな衝撃を受けたことを覚えています．二つの意味で衝撃でした．

　一つは，私が感じていた違和感と正反対のことが書かれていたからです．自分の信じているキリスト教と，自分が生活している現代社会とは，それぞれ異なる価値観や思考体系を有していると感じていたからこそ，私は二つの考え方・生き方の間で葛藤し悩んでいたのです．ところがこの文章によれば，プロテスタント・キリスト教は現代世界の成立に大きな役割を果たしたというのです．この歴史観・世界認識が大きな衝撃でした．もう一つの衝撃は，プロテスタント・キリスト教こそが現代社会の諸課題に対する責任を有しているという社会倫理思想です．それまでの私は，現代日本社会とキリスト教の間につながりがないからこそ，他宗教を学ぶ必要があると思っていたわけです．ところが私の親しんできたプロテスタント・キリスト教こそが，"現代社会への責任"を負っているというのです．

　この文章の提示する内容が本当ならば，これで私は自己アイデンティティを確立できる！　そう思いました．そして「キリスト教は現代世界へどのように影響しているのか？」「キリスト教と日本社会はどのような関係なのか？」という問いが，大学生の私がおぼろげながらも掴み始めた探究テーマとなったのです．入学した大学で出会った一つの文章，そしてこの理念の実現を目指して集まっていらした先生方の指導を受けながら，私の問いが学問的探究となっていく第一歩を踏み出しました．ここに書いた事情を図式化して提示すると，図3-3，図3-4になります．

　ここで私の経験談を題材として，より一般化した"探究の方法"を考えてみたいと思います．私が実存的に抱えていた悩みのような問いが，どうして学問的探究に結びつく問いへと転換できたのか．そこには"なぜ"（Why?）という初発の問いを"どのように"（How?）という問いへ分解できたからという面があります．

　幼少期から私が抱えていた問いは，「なぜ私は日本社会の中でキリスト教なの

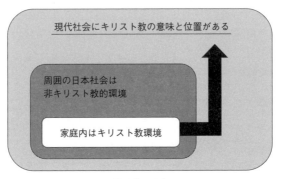

図 3-3　某大学の理念によると

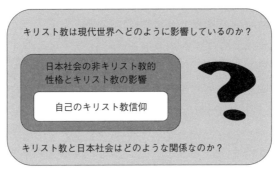

図 3-4　学問的探究のスタート

だろう？」というものでした．探究は"問い"から始まると言われます．でも，考えた問いが探究につながりにくく感じる時がありませんか？　私の問いもそうでしたし，その他でも例えば「なぜ，人生には苦難があるのか？」などという問いは，学問的な探究が困難です．

　それは"なぜ？"という問いの性質が，理性の作業としての学問的探究の筋道にそのままでは載りにくい面を含んでいるからです．改めて私のケースで考えてみますと，ある文章との遭遇が契機となって，「なぜ私は日本社会の中でキリスト教なのだろう？」とそれまで考えてきた問いが，「キリスト教は現代世界へどのように影響しているか？」「キリスト教と日本社会はどのような関係なのか？」へ変換されたということに気付きます．ここで"どのように"と問うている事柄は，"なぜ"の問いと同一ではありません．しかし密接な関係を有している問い

です．“なぜ”という問いが究極的過ぎて学問的探究に載せにくい．そういう時は，問いを変換します．例えば「なぜ，人生には苦難があるのか？」を次のような問いに変換します．「苦難は人間にどのような影響をもたらすか？」こうすれば仮説と検証可能性に開かれた問いになります．この問いへの答えを探究する積み重ねから，初発の“なぜ”へと近接していくのです．

　“なぜ”という問いを“どのように”の問いへ分解し，その問いに対する仮説―検証―考察を繰り返して探究していく．そうすると“どのように”という問いの探究の先に得られた解がやがて総合されて，“なぜ”という究極的な問いの答えへと接近していくことができる．こうした仕方で私は，自分史における問いを学問探究上の問いへとつなげ，探究し続けてきました．

　私が経験した問いの変換の場面において“リフレーミング”（reframing）視点を獲得できたことも，方法論的に重要な意味を持ちました．リフレーミングとは心理学などで用いられる用語です．私たちがものを考えるにあたって，時には無意識に参照している枠組みをフレームといいます．私の場合，“キリスト教”と“日本社会”との間に存在する違和感を対立した関係として捉え，その両方に関係して生きていかなければならない私（自己）は常に，対立する両者の中で葛藤し引き裂かれざるを得ないと考えていました．こうした考え方に，私自身の思考が枠づけられていました．これがフレームです．けれどもそのように固定化されていた私の思考に“キリスト教が近代世界の成立に関係した”という新しい考え方が導入されました．それによってリフレーミング，つまり思考のフレームが

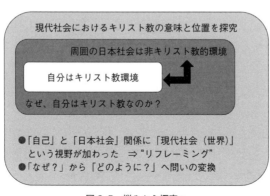

図3-5　悩みから探究へ

再構成されました．図3-5 にあるような仕方で，私は新しい視座を獲得し，自らの問いを学問的に探究する道への第一歩を踏み出しました．繰り返しになりますが，それは当初に志望したのとは違う大学と学科での出来事でした．大学は探究する場所です．さらに言えば大学とは敷地や建物ではなく，第一義的に人間の共同体です．どこの大学・どこの学科に身を置くことになったとしても，"私の中に存在する問い" と "その問いに呼応する教師や仲間" との出会いが生起する場所，そこから探究は始められます．私は自分自身の経験から，そのことを確信しています．

‖ 3.6　キリスト教と現代社会にとっての "自由"

キリスト教と現代社会との関係を探究するといっても，どんな切り口からその関係を考えるかについては，さまざまな可能性があります．私が惹きつけられたのは "自由" を切り口として，キリスト教と現代（世界・社会）との関わりを考えていくという関心事でした．このテーマに深く関心を抱くようになったきっかけとしては，一人の恩師との出会いの経験が大きかったと言えます．キリスト教学・思想史が専門である安酸敏眞先生[4] による "近代ドイツ思想" という科目を受講した時のことです．先生は初回授業の冒頭で一つの問いを提示されました．

「ルター『キリスト者の自由』にあるようにプロテスタント・キリスト教発祥の国であり，ゲーテやシラーのような偉大な芸術を生み出してきたドイツが，どうしてナチスのような残忍な体制を許容する歩みへと至ってしまったのか？」

そして一年間の講義を通じて，各時代におけるドイツの思想家が何を主題とし，それが学問世界や社会にどのような影響を与えたのかを紐解きながら，冒頭の問いを繰り返し考えるよう，学生の私たちへ語りかけられました．

この講義で学んだスタイルは，学問的探究を私が実践するうえでのモデルになっているといえます．まず問いを立てる．そしてその問いに関わる文献を渉猟し，各文献の相互関係や影響を自分自身で理解し，文章化して説明できるようになる．この作業を繰り返すうちに，問いを答えへと導く一筋の光が浮き上がってくる．"問いから探究へ向かう" という筋道を大学の学部生時代に学べたことは

大きな経験でした．その後の私の研究対象は日本やアジアへと向かい，安酸先生ご専門のドイツとは異なっていきましたが，方法論においてはこの形が基本になっています．

　そして受講する中で“自由の問題”についても深く考えるようになりました．日常生活のレベルでは，現代の私たちは“自由”とは無条件に価値あるもので肯定的なものとして捉えています．けれども思想史という学問を通して“自由”について考察を始めると，それまでは意識しなかったさまざまな事柄が見えてきます．あるテクストで“自由”と述べられていた場合，それは誰が誰を対象として何についての“自由”を述べているのか．その“自由”を享受できるのはどんな人たちなのか．またある人たちにとっての“自由”が別の人たちへの“抑圧”になってはいないか．一言で“自由”と言ってもその周りに多くの問題や課題がある．それらを分解して理解し，やがて総合的理解へと結集させていく．そうした探究の積み重ねが学問的成果に結実していくのです．

　もっとも今は振り返ってこのように整理できますが，当時の私はひたすらに興味の赴くままに，本を読み耽っていたような気がします．ただ，“自由”を巡る諸問題は私にとって実存的な関心でもありました．前に書いたように，こどもの頃の私は日本社会とキリスト教との関係で不自由さを覚えていました．けれども大学生になって新しい見方を知り，キリスト教と自由の関係について考えるようになりました．こどもの頃と大学生と，どちらも同じ私（自己）ですし，どちらも同じキリスト教です．そのような経験がありますから，キリスト教含めて宗教と自由との関係には両面性があり，社会との関係で注意深く扱われるべき考察であるということを，ずっと意識し続けています．

　キリスト教とりわけプロテスタント・キリスト教は出発点からして“自由”を主題とする[5]宗教です．キリスト教との関わりにおける“自由とは何か？”について，私は大きく三つに分けて考えてきました．

①　福音的自由

　これはキリスト教教義（信仰内容）にもっとも直接的に関わる自由理解です．キリスト教人間観において，すべての人間は罪（神の意図に背を向けている状態）の支配下に置かれています．こうした罪の奴隷状態からの解放としての自由

が福音的自由です．この自由を探究すると，キリスト教の使信が果たす現代的役割というものを考えることになります．

② 社会的自由

プロテスタント・キリスト教の歴史が近代社会の成立に大きく関わってきたことは，現代世界で普遍的な価値と考えられている人権やデモクラシーとキリスト教思想とが関連しているという理解を意味します．またマックス・ヴェーバー『プロテスタンティズムの倫理と資本主義の精神』で提示されているように，近代資本主義社会の形成ともキリスト教は関わってきました．この自由について探究を進めると，現代世界へキリスト教が貢献した事例を見いだすことができます．しかし同時にキリスト教が関係した社会的自由が推し進められた結果としての現代世界，そこには多様な社会的課題が存在しています．社会における差別や構造的暴力の問題，経済発展に伴う貧困や格差の課題，それらにキリスト教がどのように責任的に向き合うかという社会倫理的探究課題も多く存在しています．

③ 苦悩からの自由

人生や歴史においてさまざまな苦難や悲嘆を経験します．それらから受ける痛みに対して，キリスト教はいかなる癒やしと救いを示し得るのでしょうか．キリスト教神学では伝統的に"神義論"が存在してきましたが，それだけでなくグリーフケアにつながるキリスト教の貢献が現代社会で必要とされています．私自身は戦争・被爆・被災・被害経験などの諸事例から，この課題を探究し続けてきました．

このようにして，キリスト教と現代社会との関係理解，そして自由の多様な展開とそれに伴う課題を探究することを私はライフワークにしてきました．大学院で学び，その後はキリスト教の牧師として，また学校の教員として勤務し，時々に異なる務めを担っているようであっても，探究し続けているテーマは結局のところ一貫していました．そのような私が人生と探究課題との重なり合いを大きく経験する時が来ます．それが東日本大震災でした．

3.7 研究テーマと人生が交叉するとき

　2011 年 3 月 11 日午後 2 時 46 分，マグニチュード 9.0 を記録した大地震，またそれに引き続く複合的な大災害が発生しました．東日本大震災が多くの人の人生を変えることとなりました．そして私にとっては自身の研究テーマを含めて，生き方を捉え直す契機となったのです．

　被害の甚大さに衝撃を受け，震災直後に私は "言語喪失状況" に陥りました．激しい虚脱感に襲われ，思考をまとめて言葉にするという活動がまったくできなくなってしまいました．牧師である私が，しばらくは祈りの言葉すら失いました．さらに言語喪失は意味喪失にもつながり，この大災害の前で私の研究など何の役割も果たせないという無力感に覆われてしまいました．こうした状態からどのように回復したかについてのストーリーもあるのですが，それはキリスト教信仰と深く関わってくる内容になるので，ここではつまびらかに記さないことにします．『聖書』に書かれている「わたしは，あなたのために，信仰が無くならないように祈った．だから，あなたは立ち直ったら，兄弟たちを力づけてやりなさい」[6] というイエスの言葉が，私への語りかけとして心に響いたということのみ記しておきたいと思います．

　震災直後の無力感から立ち直った私は，発災から 20 日ほど経って，福島県浜通りへと向かいました．キリスト教学校と教会のつながりで，極度の物質不足にある地域へ，入手できる限りの物資を車に積み，届けに行きました．訪問先ではご自身や家族が困難な状況の只中にもかかわらず，こどもたちへの保育と教育へ全力を注ぎ込んでいる幾人もの方と知り合いになりました．それ以降，私は福島県浜通りへ足繁く通うようになりました．

　何回目かの訪問の折，あるこども園で教職員の方々とお話をしていました．原子力発電所事故とそれに関わる集団避難などでのご労苦を伺いました．その時に園長先生がポツリと言われたのです．「首都圏の人たちはこの状況をどう思っているのでしょうか？」私めがけて言われたという雰囲気ではなく，また攻撃的でもない静かな声でした．けれどもこの一言は，それ以後の私の人生における研究テーマに深く関わる問いとなりました．私のこれからの探究は，東日本大震災

後の社会にあって“いのち”の大切さを受け止めていくものでありたいと決意しました.

この時の私の心象風景は,ヨーロッパ中世史研究者である阿部謹也の著作の中にある言葉と重なり合うように思います.「どんな問題をやるにせよ,それをやらなければ生きていけないというテーマを探すのですね」「解るということはそれによって自分が変わるということでしょう」[7] これらは,阿部が大学生時代にゼミで師事した上原専禄の言葉です.震災後の私も,自分の人生を懸け,解ることによって自分が変わる研究テーマを問い,探しました.それ自体が探究の道程でした.

今後の研究テーマについて考え続けました.福島県浜通りをはじめ被災地を訪れ,多くの方に話を伺いました.やがて「東日本大震災を宗教そしてキリスト教はどのように受け止めるのか?」という問いが,私の心を捉えるようになりました.震災発生から二,三年過ぎた辺りからだったでしょうか.私はキリスト教を含む宗教団体の被災地における振る舞いについて,評価と批判と両方の声を耳にするようになりました.宗教の活動を評価してくださる声は,震災直後だけでなくその後も継続して地域と関わっているキリスト教関係のボランティアや被災遺族に寄り添う宗教者たちの働きに感謝する言葉でした.それに対して宗教者ないし宗教団体への批判的な意見とは,宗教者自身の確信を押し付けて語るために被災者の宗教心の希薄さが災害をもたらしたかのように言われた事例,被災地での支援活動と宗教集団の布教活動とが渾然一体となっている姿勢への強い違和感などでした.宗教学そしてキリスト教研究に携わる者として,またキリスト教徒・牧師として,伺ったこれらの声と真摯に向き合う今後の研究でなければならないと思わされました.

そのような中から,探究すべき課題として「震災後の社会の形成に対して,宗教/キリスト教はどのように関わっていくのか?」という問いが浮かび上がってきました.この問いへの答えを,学問的に探究していく筋道としては三つの方向性が考えられました.

一つは,震災直後に各宗教団体によって行われた被災地ボランティア活動を分析する.このテーマについては,稲場圭信『利他主義と宗教』弘文堂(2011年)で扱われていて,同書では 利己主義的な社会における宗教の“利他主義”,

社会資本（ソーシャル・キャピタル）論などについて興味深い内容が記されています．

二つめは，被災者の方々の悲嘆経験を傾聴しケアする活動について，宗教学的・神学的な検討をするという課題です．この関連では，東日本大震災後の宗教者たちの実践が「臨床宗教師」[8] 制度の創設へとつながっていきました．

そして三つめは東日本大震災被災地からの報告事例をふまえた，死者との交流や死生観への宗教の関わりについての宗教学的研究です．この領域の研究は最近になって，高橋原・堀江宗正『死者の力　津波被災地「霊的体験」の死生学』岩波書店（2021 年）にまとめられています．

被災地での多くの出会い，また東日本大震災に関係する宗教学分野の先行研究も参照しつつ，私が取り組んでいく探究テーマを思い巡らせました．その時考えていたポイントは「他宗教との比較の視点を持ちつつキリスト教の独自性が検討され」「今後の社会に対しても有益となる」のは，どのようなテーマだろうかということです．そして，これらのテーマについて考えを巡らせながら，じつはいずれのテーマも私が今まで考え続けてきた"福音的自由""社会的自由""苦悩からの自由"の相互関連の中にあるということにも気づきました．やがて到達したのは「東日本大震災がキリスト教の死生観へどのように影響しているか？」という問いでした．

現在の私は不思議なことに，導かれるようにして東北の仙台に所在する大学へ奉職し，東日本大震災の経験を心に深く刻みつつ，「解るということはそれによって自分が変わるということでしょう」という言葉を折に触れて思い起こしながら探究を続けています．果たしてどれだけ自分が変わったのかは心もとないですし，そもそも自分のことを自分が理解するというのは，とても難しいことでもあります．しかし，このテーマを探究する中で気づいたことがあります．

それは，大震災経験がキリスト教や聖書理解の変化を促していることであり，またキリスト者の死生観が地域文化と融合している事例の存在です．一般的に言って，宗教の教義（公式見解）は不変性を強調します．けれども生活言語レベルでは宗教の重層性や文化融合が観察されるのです．そしてそれは必ずしも，宗教教義に反しているということではなく，現実存在に伴う重層性なのではないかということです．

　考えてみると，宗教に関わる文化的思想的な重層性は，東日本大震災後の被災地キリスト教にのみ見いだされるものでもありません．日本の歴史をたどってみれば“潜伏キリシタン”の形態にも観察されますし，ヨーロッパ中世が形成されていく過程にはゲルマン文化とキリスト教の重層構造が存在しました．このようにして，私が探究として取り組んだ小さな問いが時空間を超えた研究課題と結びつき，社会や世界の大きな理解へ広がっていく．そこにはやはり，大きな問いを“分解”して探究し，それが“総合”されて大きな理解へ到達するという筋道があるのだということに気づかされています．

▍3.8　私の探究を支える言葉

　最後に，私が探究の人生を続ける中で繰り返し思い起こし，自分への支えとなり，励ましとなり，問いかけとなっている，先人の言葉を二つ紹介したいと思います．

　一つは，20世紀アメリカの神学者ラインホールド・ニーバーによる祈りの言葉です．

　「神よ，変えられないものを受け容れる平静さ，変えることのできるものを変える勇気，そして，変えることのできないものと変えることのできるものとを識別する知恵を与えたまえ」

　人間が悩み・迷い・探究し・決断し，またそれら一連について繰り返し吟味検討しながら真理へ近接していこうとする．そうした人間存在を支える言葉です[9]．

　もう一つの言葉は，フランスに長く滞在し，キリスト教と日本について深く考え抜いた思想家である森有正によって語られました．探究するとはどういう経験なのかを示している言葉として，私は大切にしています．

　「体験というのは，自分の経験の中に閉じ込もって，自分の経験だけを唯一の砦として，それをもって他を批判して止まない．それを体験といいます．

　ところが経験というのは，あくまで開いていて，新しいものを学び，外の経験に向かって開いて行く．私は，そういうものを経験と呼んでいた」[10]

　ここで森は“体験”と“経験”の語を使い分けています．私たちの思想や言語

活動が，森の言う意味での "体験" に止まっていてはならないというのです．体験から経験へ向かうこと，それが新しいものへ開かれ続ける思想態度なのです．そこにおいてこそ，深まりと言語化を経験することができます．私のように自分史と探究テーマが深く重なり合っている場合，森が語る "体験" と "経験" の相違を自覚し常に自己吟味する必要があります．そうでないと私の探究は，単なる自分語りを学問的な言葉で装っているだけの言説へと堕してしまいます．その意味で森の言葉は，私に対する警句です．

　森が続けて語る言葉があります．

　「今から考えますと，そういう後のほうの経験，体験でない経験は，信仰という要素を含んでいなければ，じつは経験にならないのです．私が経験と考えていたものには，信仰というものが含まれていなければならないのです」[11]

　キリスト教徒である森が晩年に辿り着いた思想的境地です．思索し探究する道程において，自分の体験が経験へと深まって真理に到達していくためには，信仰という要素が不可欠だと森は語っています．この言葉は，これまで述べてきたように，キリスト教信仰を持ちつつ研究を進めてきた私にとっての大きな問いかけです[12]．体験が経験に至ることへのキリスト教信仰の必要性はどこにあるのか．私自身が受け継ぐべき探究課題となっています．

註

1)　『宗教年鑑　令和４年版』文化庁編集・発行 2022 年 p.35. に基づいて作成．なお，宗教統計の数字は常に解釈の困難さを抱えています．例えばこの宗教統計による総数は１億 7,956 万人となっています．それに対して，総務省統計局が 2021 年（令和３年）10 月１日現在で示す日本の総人口は１億 2,550 万２千人です．この人数差は何に起因しているのでしょうか？　じつはここにも探究課題があります．

2)　さらに記すと，私の妻はプロテスタント・キリスト教６代目です．そして私たちは夫婦そろってキリスト教牧師であり，キリスト教研究をしています．こうした家族構成ですから会話の中ではしばしば，「日本社会のフツーというものがよくわからない」とか「宗教二世問題と呼ばれる社会的課題の複雑さと困難さが，主観的（自己の経験）にも客観的（宗教学知見）にもよく理解できる」という話題が出ます．一般化して考えると，社会的マイノリティな存在は，じつは多くの人が無意識に前提としてしまっている社会通念を相対化する視点を有しているということでもあります．

3)　「聖学院大学の理念」第３条（https://www.seigakuin.jp/about/basic_info/rinen/ 2023 年 10 月 27 日最終確認）．なお，こうした歴史認識を支えているのが，マックス・ヴェーバーやエルンスト・トレルチによる研究成果であるということも，大学生時代に知りました．

4)　学校法人北海学園理事長，元北海学園大学教授・学長

5)　このテーマについて特にリベラルアーツ（自由の技法）との関係理解については，拙論「福音主義キリスト教の「自由」理解」『人文社会科学論叢』宮城学院女子大学人文社会科学研究所 第 32 号（2023年）pp.1-10. 参照

6)　『聖書』新共同訳 日本聖書協会 1999 年 ルカによる福音書 22 章 32 節

7)　阿部謹也『自分のなかに歴史をよむ』筑摩書房 2007 年 p.18，21.

8)　この制度の発祥経緯や活動内容については，藤山みどり『臨床宗教師』高文研 2020 年で紹介されています.

9)　この祈りの言葉は山崎直子氏（宇宙飛行士）や故・速水優氏（元日本銀行総裁）らの座右の銘としても知られています. なお，エリザベス・シフトン『平静の祈り　ラインホールド・ニーバーとその時代』稲田信子訳，安酸敏眞解説 新教出版社 2020 年 にはこの言葉の背景をめぐる詳細が記されています.

10)　森有正『いかに生きるか』講談社 1976 年 pp.193-194.

11)　森『いかに生きるか』p.194.

12)　森のこれらの文章の基になった講演は，宮城学院女子大学と日本基督教団仙台東一番丁教会で語られました. この大学は私の現在の勤務校であり，教会は宮城学院の設立母体となった教会で私が現在礼拝に通っている教会です. そのことも含めて，「信仰という要素を含んでいなければ，じつは経験にならない」とはどのような意味なのか，探究の旅は続きます.

■宗教と社会と"自由"の関連について

❶　アンゲラ・メルケル，松永美穂訳『わたしの信仰』新教出版社　2018年

　　東ドイツで生まれ育ち，統一後のドイツ首相を長く務めた著者が，自分自身の基盤にある
キリスト教信仰と社会的責任，また"自由"理解について語っています．

❷　ジョシュア・ウォン，中里京子訳『言論の不自由　香港，そしてグローバル民主
　　主義にいま何が起こっているのか』河出書房新社　2020年

　　香港の"雨傘運動"などで指導的役割を果たした著者は，それゆえに逮捕・服役も経験し
ます．そうした彼を支えているのはキリスト教であることがわかります．

❸　横田早紀江『めぐみと私の35年』新潮社　2012年

　　愛娘が突然に行方不明になる．絶望的な心境にあったときキリスト教へ入信し，聖書の言
葉に支えられて拉致問題解決，すなわち娘の"自由"を取り戻すために活動し続けている著
者の祈りと願いが綴られています．

❹　タラ・ウェストーバー，村井理子訳『エデュケーション　大学は私の人生を変えた』
　　早川書房　2020年

　　アメリカで，宗教思想に基づき国家による教育を否定する両親に育てられた著者が，大学
で学ぶ機会が拓かれたことを通して新たな人生を歩んだ自伝．宗教がときに人間の"自由"
を抑圧する危険性を有している実際を知ることができます．

❺　島薗進ほか『徹底討論！ 問われる宗教と"カルト"』ＮＨＫ出版　2023年

　　本文中では直接に取り上げられませんでしたが，"カルト"は宗教と"自由"に関わる大き
な社会問題です．この本では宗教学者・キリスト教学者・宗教家による対談を通して，問題
を多角的に考えることができます．

アイデアは愛である

探究は“問い”から始まると言われます．この本全体も，その姿勢で記述されています．ただ大学の授業課題や演習の場では，「そもそも探究すべき問いが浮かんでこない」という学生の皆さんからの声を聞くことがあります．そして多くの学生さんの心の声は，「先生のように探究を長い年月してきたわけではないので，そう簡単に問いは浮かんできません」ということのようです．その悩みに，「先生にだってはじめて問いを考えたときがあった」と返答するだけでは不親切ですので，このことについて考えてみましょう．

“学問的”ということをとりあえず脇に置けば，じつは人生の中で私たちは“問い”（自問自答）を無意識に繰り返してきています．人生（という言葉が重く感じられるなら“日常生活”でもよいのですが）の中で，「このことを解るには？」「これを実現するにはどうすればよいのか？」という対象への“愛”があるとき，問いというアイデアは湧き出てきます．それが“アイデアは愛である”ということになります．

例えば，私は勤務している大学の素晴らしさをたくさん知っています．そこで愛が溢れて「この大学の良さを知ってもらうには，どうしたらよいか？」という問いが出てきます．そしてアイデアが湧いてきます．「著名人を招いて講演会をしたらどうか？」「同じキリスト教系の高校を訪問したらどうか？」「大学生と高校生の交流会ができないか？」など，愛のあるところにアイデアは次々と浮かんできます．

“アイデアは愛である”ということが，学問研究に繋がっていると私が感じた書籍が二冊あります．

一冊は，伊藤亜紗『目の見えない人は世界をどう見ているのか』光文社（2015年）．

もう一冊は『奇跡の論文図鑑　ありえないネタを，クリエイティヴに！』NHK出版（2020年）です．二冊とも具体的な内容については本を読んでいただくこととして，対象への愛に突き動かされたあくなき探究が，研究成果となり論文にまとめられていく過程が記されています．そこには，知的な興奮と感動が満ちています．

ところで“アイデアは愛である”という言葉，皆さんはオヤジギャグにありがちな駄洒落として，冷めた笑いをもって受け止めたでしょうか．まぁそう

かもしれないと思いつつ，じつは私としては，学問知の伝統をふまえて大真面目に，"アイデアは愛である"とお伝えしたつもりです．

フィロソフィという語が日本語では哲学と訳されます．しかし元来は"知を愛する"という意味です．そして哲学という学問世界の一領域だけではなく，学問知全体を指す言葉でもあります．学術博士の英語表記は Ph.D. ですが，この Ph. はフィロソフィの略記です．"アイデアは愛である"とは，知を愛する探究の姿勢を表しています．

さて，皆さんのアイデアの源泉となる"愛"はどこに？

第4章

スポーツと科学が出会うと何が起こるか？

渡辺 圭佑

4.1 はじめに

速く走るためには，どうしたらよいのだろう？

今改めて思い返せば，物心ついた頃からそんなことをぼんやり考えて過ごしていました．そしてその疑問は，未だに抱き続けています．暇さえあれば，SNS や動画配信サイトで，トップアスリートの情報をチェックするほどです．

私は現在，スポーツ健康科学を専門とし，大学で体育の授業を担当しています．しかしながら，幼い頃からスポーツが得意だったかというと，決してそんなことはありません．むしろ球技全般は苦手でしたし，今でも得意ではありません．強いて言えば，運動会でリレーの選手に選ばれる程度の，少し走るのが得意な子供でした．そんな平凡な私が，一体どうしてスポーツにまつわる仕事をしているのでしょうか？

本章では，私がこれまで経験した競技生活のことや，携わった研究，アスリートのサポート活動について述べています．トップアスリートのように輝かしいエピソードは一つもありません．ただ泥くさく，トライアンドエラーを繰り返す様子が書かれています．探究活動をする上では，タフネスさもある程度必要です．そんな時に，少しだけ参考になるかもしれないのが，本章の特徴でもあるかもしれません．少し気分を変えて，読んでみてください．

4.2　自身の競技力向上に向けて

　私は，小学校6年生から陸上競技をはじめ，中学・高校では走幅跳と三段跳を専門として，大学4年生まで競技を続けていました．本節では，高校編と大学編に分けて，記録を伸ばすために私が取り組んだ事例やエピソードについて，いくつか紹介します．

4.2.1　高校生編

　中学卒業後，特にスポーツに力を入れているわけではない普通科の高校に進学し，中学時代と同様に陸上競技部に所属しました．そこで競技に取り組む中で，自分の記録を伸ばすためには…県大会に出るためには…全国大会へ出るためには…という思いを常に抱き続け，自然に強まっていきました．その思いは野心のようなものになっており，指導者もいない，グラウンドもないこの劣悪な環境で，どうやってのし上がってやろうか…という強い向上心が芽生えます．その当時は，とにかく専門誌を読み漁って最新の情報を自分なりにかき集め，パフォーマンスを向上させる方法を日々模索していました．高校時代の私は，記録を伸ばせそうなものがあればなんでも取り入れていました．まずはその時の事例について，いくつか具体的に書いてみます．

（1）スパイクシューズ

　トップアスリートが履いているスパイクなら，間違いないだろう！　という浅はかな気持ちから始まります．当時の私は，トップアスリートが履いているスパイクシューズを取り扱っている店舗を探し，お小遣いを貯めて，その店舗で注文し，ドキドキしながら購入しました．その全てが初めての経験だったこともあり，手に入れた時はものすごい達成感でした．そして，かなりの期待の中，いざ練習で使ってみるものの，その思いとは裏腹に非常に走りづらかったのです．今思えば，世界で奮闘するトップアスリートが使用するスパイクシューズを，県大会出場レベルの高校生が使いこなせるわけがありません．当然，そのスパイクシューズをすぐ使用することをやめて，その後しばらくお蔵入りとなりました．

そういえば，ここ数年，厚底ランニングシューズが大ブームです．おそらく，当時の私のような高校生がたくさんいるのでは？　と勝手に想像しています.

（2）　プロテイン

　次に試したものは，練習直後に飲むプロテインです．練習によって損傷した筋肉を回復させるためには，プロテインを飲むこと自体は間違いではありません．しかしながら，これさえ飲めば大丈夫！　と当時の私は勘違いをしており，最も大切な日々の食事をおろそかにしていました．当然栄養は偏り，思うような結果は得られません．当時のプロテインは味の面でまだまだ改良段階だったこともあり，飲み干すのが毎回苦痛でした．当時の私は，甘いコーヒー牛乳やココアなどにプロテインを混ぜて飲んでいたため，むしろ脂肪が増えていたかもしれません.

（3）　特殊なジャンプトレーニング

　ジャンプ力向上には，プライオメトリックス[1]と呼ばれる専門的なトレーニングが効果があるという記事を読んだ私は，「これだ！」と思い，当時の私は早速練習メニューに取り入れました．しかし，このトレーニングは非常に負荷が高いため，導入する前に基礎的な筋力が必要となります．筋力トレーニングはしていましたが，そのトレーニングの負荷に耐えられるほどの身体には至っていなかったため，プライオメトリックスを始めて数週間で膝や腰を痛めてしまいました.

（4）　よくわからないベルト

　プライオメトリックスで腰を痛めてしまった私は，何か腰に良いものはないかと再びがむしゃらに情報を集めます．そこで見つけたのが，当時周りの陸上仲間で流行していた腰に巻く細めのベルトです．「練習中や競技中にそのベルトを巻くと，血行が良くなり患部の痛みが緩和されるらしい」というなんの根拠もない情報を鵜呑みにして，お守りのように巻いていました．言われてみれば，痛くないような気もするなどといった程度の微々たる効果でしたが，1cmでも記録が伸びるならばと思い，一時期常に巻いていました．結局のところ，いざ本番と

なるとそのベルトが煩わしくなり，大一番ではそのベルトを外して競技に臨んでいました．

（5）根性論による偏った練習

　冬の長い鍛錬期[2]に，ハードな練習に耐えることで，心身ともに強化されるはず！　と部員達と盛り上がり，競技に適していない練習もたくさん行いました．私が専門としていた走幅跳や三段跳では，助走距離が約 30 ～ 40m です．したがって，この種目で必要な能力は，間違いなく 100m を速く走るようなスプリント力となります．それにも関わらず，とにかくたくさん走り込むことで，根性をつけよう！　という純粋な思いから，真冬に数百メートルの坂道やトンネル内を延々と走り込むという練習内容を，週に何度も同じ部員の仲間達と繰り返していました．それはそれで良い思い出なのですが，今思えば，あまりにもナンセンスです．

　ここまで挙げたいくつかの例は，いずれも失敗やうまくいかなかった内容です．今改めて思い返せば，高校生ながらもあの手この手といろいろ試し，その多くが失敗だったと感じています．ただし，どの行動にも，「どうしたら記録を少しでも伸ばせるのか？」という明確な目的があり，失敗する悔しさの中に，楽しさや達成感も同時にあったように思います．その当時は特に意識していたわけではありませんが，トライアンドエラーを繰り返していたことが，多少なりともその後の人生にさまざまな影響を与えているのかもしれません．

4.2.2　大学生編

　がむしゃらに失敗を繰り返していく中で，高校 3 年生の時に地区大会で 6 位入賞をしたため，初めて全国大会へ出ることができました．6 位まで全国大会へ出場することができるので，本当にギリギリの出場権獲得でした．これをきっかけに，私は再び大きな勘違いをしてしまいます．高校 3 年間，トレーニング施設もなく，専門的な指導者もいない環境の中，自分なりに練習して全国大会に出場できたのであれば，ハード面・ソフト面の環境の整った大学に進学すれば，全国大会どころか，国際大会にも出られるのでは？　と考え出したのです．そんな浅はかな動機で，競技スポーツが盛んな体育系大学を受験し，なんとか合格をし

ます．

（1）　大学入学後の挫折

　大学に入学し，恵まれた練習施設と有名なコーチ陣のもとで，競技生活が始まりました．周りの同級生や先輩の中には，日本代表候補の者もいて，才能あふれるアスリートがたくさん在籍していました．また，大学の授業は，パフォーマンス向上に直結するような専門的な内容も多々含まれています．この環境で真面目に練習して過ごせば，強くならないわけがないと確信し，日々必死にトレーニングを重ねました．

　しかしながら，入学後１年，２年経っても，高校時代の記録すら更新することができません．必死に練習すればするほど，オーバーワークとなり，大きな怪我も繰り返し，悪循環に陥っていました．その一方で，同級生や先輩後輩が，決して真面目に取り組んでいるようには見えないにもかかわらず，大きな大会で結果を重ねていきます．そんな彼らの姿を見て，当時の私は焦る気持ちや劣等感が日に日に強くなっていき，大きな挫折を味わうことになります．

（2）　スポーツバイオメカニクスとの出会い

　そんな中，大学３年生になり，ゼミナールに所属し，スポーツバイオメカニクスという分野を勉強し始めます．スポーツバイオメカニクスとは，スポーツなどにおける身体運動の仕組みを客観的に理解する学問です．映像を用いてフォームを分析したり，運動中に発揮する物理的な力を測ったり，それらの効果を検証します．当時の私は，自身の記録が伸びない原因をとにかく知りたかったこともあり，授業にのめり込んでいきました．また，映像分析の方法を学ぶことで，自身の競技中の動作を，少しずつ分析できるようになりました．その結果，助走のスピードが不足していることに加えて，助走リズムの悪さに気づきます．この時，初めて自身の身体を客観的に捉えることができ，記録を伸ばすために必要な要因が，少しずつ整理されていく感覚を覚えました．

　改善点を発見した私は，その後明確な目的を持ってトレーニングを重ねるようになります．それまでは，恵まれた環境でただ練習すれば記録が伸びると思っていましたが，そこが大きな間違いだったことに気づきます．コーチに出された

メニューに対し，具体的な目的もなく，ただ練習を重ねているだけでは，記録に反映されません．何に対する練習なのか，どの能力を伸ばすためのトレーニングなのか，どんな練習にも大なり小なりの目的が存在します．それを深く理解した上で，日々の練習やトレーニングをすることで，パフォーマンスが向上し，その結果が記録に反映されることに，大学3年生の冬に，ようやく気づき始めました．

(3) 4年ぶりの自己記録更新

　大学4年生になり，最後のシーズンとなりました．自己記録を更新できるという自信はありましたが，逆にそれが緊張につながり，最初の競技会では大学入学後の自己記録は更新できたものの，高校の記録は更新できませんでした．再び映像分析を繰り返し，助走スピードは改善できていたものの，助走のリズムに改善の余地があることを確認します．そして次の競技会までの数週間，助走のリズムを重点的に修正することと，身体のコンディションを高めることに専念し，次の競技会へ臨みました．そして迎えた競技会では，自己記録を大幅に更新することに成功ました．記録自体は，大学生アスリートの中で見れば，決して好記録とは言えません．しかし，4年ぶりに自己記録を更新できた達成感に加えて，自分で見出した課題に対し取り組んだ内容が，結果として記録に表れたことが非常に嬉しく，この上ない充実感を得ることができました．また，そんな私の姿を見ていた大学のコーチや，卒業した先輩，同級生や後輩が，予想外にも一緒に喜んでくれたことも印象的です．その時，周りがずっと応援してくれていたことに改めて気づくことができました．

　これらの経験が，スポーツ科学をより学びたいと思うようになった大きなきっかけの一つです．「なぜ記録が伸びないのか？」という問いに対する探究活動でもありました．競技力を向上させるためには，努力や根性といった面も必要ですが，それだけでは解決できない課題が多々あります．また，経験に頼った指導だけでは，アスリートやチームの伸び代に限界が訪れます．速く走りたい！遠くへ跳びたい！　といった壮大な目標ではありますが，客観的な視点で仮説を立てて，検証し，結果を見て考え，またチャレンジする．自分の身体を使った探究を，無意識で行っていたことに，執筆しながら改めて気づくことができまし

た．もちろん現在は競技をしていませんが，この大きなテーマについては，今後も別の形で探究し続けたいと思っています．

4.3　学生時代に取り組んだ研究活動

　学生時代，私の周りの同級生や先輩，後輩には，才能に恵まれた選手がたくさんいました．彼らの多くは，特別な練習をしているわけでもなく，時には手を抜くことも少なくありません．それにもかかわらず，彼らが大会に出れば良い記録を出して活躍をし，一部の選手は日本を代表する選手になっていました．そんな彼らと日々過ごしていくうちに，なんでこんなに強いの？　というジェラシーとともに，漠然とした疑問を抱くようになりました．

　大学で勉強する中で，筋肉の速筋繊維や遅筋繊維という生理学的な要素が競技力に関係することはわかっていましたが，身体の構造や性質，シューズの構造も，どうやらパフォーマンスに関係するようだ，という情報を得て，興味が深まりました．本項では，そんな興味から取り組んだ研究について，いくつか紹介していきます．

4.3.1　筋肉の構造や機能

　日々生活をしている中で，あの人は脚が長くて足首が細くて，アキレス腱も長い！　という印象を抱くことはありませんか？　筋肉や腱は，人によってカタチや性質が異なり，その構造にも個人差があります．先述したように，学生時代の私は，周りの学生よりもトレーニングを積んでいるにも関わらず，彼らのほうがウェイトトレーニングでは重い重量を上げるし，走れば速いです．なぜ彼らは涼しげにしながら，あんなに大きな力を出せるんだ？　という疑問を抱くようになりました．

　そこで取り組んだのが，「筋肉の構造や粘弾性は，ジャンプ力や疾走速度と関係があるのか？」という研究テーマでした．お腹にいる赤ちゃんを見る時に使用する，超音波診断装置を使うことで，非侵襲的に筋肉やアキレス腱の一部を可視化し，定量することが可能となります（図 4-1）．その手法を用いて，足首が動いている時のアキレス腱の動態を調べました．その結果，どうやら筋肉が付着し

ている位置や，筋肉そのもの弾性は，ジャン
プ力や走るスピードに影響するかもしれない
という結果が得られました．もちろん，その
特性が競技力すべてを決定づけるわけではあ
りません．筋肉の生理学的な特性に加えて，
力学的な特性についても考える貴重な機会と
なりました．また，この研究の一部について
は，卒業論文のテーマでもあり，実験方法の
妥当性や，分析方法の工夫など，さまざまな
点で苦労しました．どうやって筋肉を撮影す

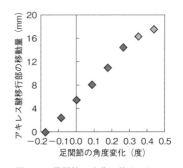

図 4-1　足関節の変化に伴うアキレス
腱の移動量
(私の卒業論文を一部わかりやすく改変)

るべきか？　実験の再現性を高くするためには，どうすればいいのか？　正確に
効率よく分析するためには，なにが必要か？　といった細かい試行錯誤を繰り返
しました．この作業の繰り返しは，今の仕事にも活かされているように思いま
す．

4.3.2　ヒトの身体のバネに関する研究

　さまざまな競技スポーツにおいて，瞬発力は非常に重要な能力の一つです．
速く走るためにも，高く遠くへ跳ぶためにも，高い瞬発力が必要となります．例
えば，立ち幅跳びや垂直跳びの記録は，瞬発力を評価する代表的な指標の一つで
す．

　その一方で，脚をバネのように使う連続したジャンプも，瞬発力を必要とし
ます．例えば，カンガルーが連続で弾んでいる様子を思い浮かべてください．そ
の際，カンガルーの脚はバネのような振る舞いをしています．そしてカンガルー
と同様に，ヒトも連続してジャンプをする際，無意識のうちに脚をバネのように
使って弾んでいます．この時のバネの特性が，競技種目やパフォーマンスを反映
していることが，多くの先行研究で報告されています．

　大学院生になった私は，競技は継続していませんでしたが，相変わらずアス
リートの身体について強い関心を持っていました．しかもバネのように跳ぶ三段
跳を専門としていたこともあり，ヒトの身体が持つバネの性質には，特に興味
津々でした．関連した文献を調べていくと，ヒトの身体をシンプルにモデル化す

ることで，ジャンプ中のバネの振る舞いを定量化する方法を知ることになります．そこで私は，その手法を用いて，ジャンプ中のバネの特性について，競技特性や男女差，シューズの有無による違いなど，さまざまな条件で検証しました．

　検証した結果，競技レベルによってバネの特性は異なり，競技レベルが高いアスリートほど，硬いバネを有している可能性が示唆されました．また，男女差も明確となり，ジャンプトレーニングのプログラムのメニューを男女別で検討する上で，有効なデータを得ることができました．こうして振り返ると，自分が競技をしていた頃の興味や疑問を，大学院生時代に検証していたように思います．

▌4.4　陸上競技 4×100m リレーにおけるバトンパス技術向上 へのサポート

　速く走るためには，どうしたらよいのだろう？　速く走る人にはどんな特徴があるのだろう？　という疑問は，社会人になっても尽きることはありません．もともと競技力向上に興味があった私は，2014 ～ 2018 年まで岐阜県スポーツ科学センターで勤務していました．ここのセンターでは，県ゆかりのアスリートに対して，スポーツ科学の手法を活かして競技力向上をサポートしています．そこでの活動を経て，2018 ～ 2021 年まで，国立スポーツ科学センターで勤務し，前述と同様にアスリートのサポートを行っていました．ここでは，スポーツ医・科学の各分野から日本代表候補のアスリートをサポートし，国際大会において日本代表チームが，メダル獲得数を増やすことを主な目的としています．私が陸上競技を専門としていたこともあり，4×100m リレーのサポートを担当することになりました．本節では，4×100m リレーにおけるバトンパス技術向上に関するサポートについて，先行研究をもとに事例を紹介します [3]．

4.4.1　4×100m リレーとは
　まずは陸上競技 4×100m リレーの特徴について，改めて説明します．この種目は，4 人の走者がバトンを手渡しながら約 100m ずつ走り，合計 400m のタイムを争う競技です．ルールとして，決められた 3 つの区間でバトンパスが行われます．各区間では定められた範囲（テイクオーバーゾーン）内で，バトン

パスを行う必要があり，いずれかのテイクオーバーゾーン内にて，バトンパスを行えなかった場合は失格となり，記録は残りません．そのため，バトンパスのミスを恐れて，多少の減速は覚悟で確実にバトンパスを行うチームも少なくありません．

　次に 4×100m リレーの記録とバトンパス技術に関する説明です．この種目の記録は，主にバトンを持ち運ぶ速さ（以降ではバトン移動速度と表す）が反映され，各走者の疾走能力の高さがこれに貢献します．しかしながら，4 人の疾走能力に劣るチームが，疾走能力に優れたチームより先着することも多々あります．これには，バトンパスの上手さが影響していることが考えられます．以上のことことから，4×100m リレーは，各走者に高い疾走能力が求められると同時に，優れたバトンパスを行う技術が求められる種目といえるのです．

4.4.2　日本代表チームの立ち位置

　4×100m リレーにおいて，日本代表男子チームは近年優れた成績を獲得しています．2000 年シドニーオリンピック大会以降では，世界大会における決勝進出常連チームとなり，2008 年北京オリンピック大会，および 2016 年リオオリンヒピック大会では，メダルを獲得しました．また，2019 年ドーハ世界選手権大会では当時のアジア新記録，また世界歴代 4 位となる 37.43 秒を樹立しました．かつて日本人アスリートは，陸上競技短距離種目において世界と大きな差があり，100m 走などの個人種目で世界と争うことは難しいと考えられていました．近年では，世界大会の短距離種目において個人で入賞する選手が現れましたが，記録の面でも選手層の面でも，世界との差はまだ大きいといえます．

　しかしながら 4×100m リレーであれば個々の疾走能力の差をバトンパス技術で補えると考え，日本チームは戦略的なバトンパスを行っています．その戦略を練るために，実際に行われた映像サポートの概要について説明します．

4.4.3　バトンパスの科学的サポート

　実際のサポートにおいて，バトンパス技術を評価するために，テイクオーバーゾーン区間のタイムを計測します．それと同時に，映像による即時フィードバックを行い，選手の主観と擦り合わせます．具体的には，バトンパスの練習と

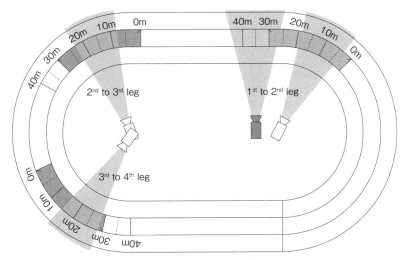

図 4-2　撮影の概要図 [3]

タイム計測は，渡し手と受け手のペアごとに実施します．渡し手はテイクオーバーゾーンの約 70m 前から走ります．実際のレースでは，渡し手がバトンパスをする時，減速局面に入っています．本番のシチュエーションにより近い条件でバトンパス練習をするために，渡し手は約 70m 手前から走ることになります．受け手は，競技会と同様にテイクオーバーゾーン内の最端位置から走り始め，バトンを渡し手から受け取って，テイクオーバーゾーンを出るまで走ります．

　バトンパス中の映像を撮影するために，グラウンド内にハイスピードカメラを設置します．サポートスタッフが，渡し手の疾走開始から受け手のテイクオーバーゾーン後の疾走までを撮影します（図 4-2）．走者を真横から撮影できるように，カメラを曲走路の中心に設置します．走路上にはテイクオーバーゾーンを示すマークが付けられていますが，以降の分析のためにテイクオーバーゾーンの始点から同ゾーン終了の 10m 先地点まで（合計 40m）において 5m 間隔で走位置がわかるように縁石にマークを追加して，これが映り込むように撮影画角を設定します．（図 4-3）

　ここまでが撮影準備となります．これらの準備をすることで，40m 区間タイムの精緻な計測とバトンパス中の各走者の走速度推移の可視化に加えて，受け手のバトンパス後の走速度，バトンパス所要時間，バトンパスの位置，バトンパス

94

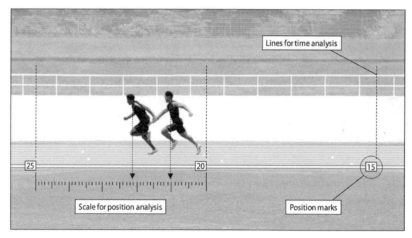

図 4-3　分析の概要図 [3]

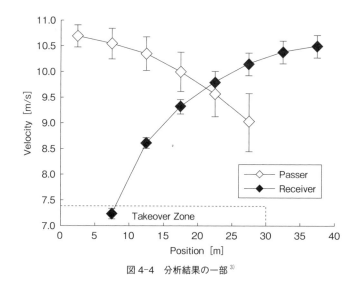

図 4-4　分析結果の一部 [3]

時の走者間距離（利得距離）の評価が可能となります.

　ここで撮影した映像を用いて，40m 区間の範囲において，渡し手と受け手そ
れぞれの 5m 毎の疾走速度を，映像編集ソフトを用いて分析します. 分析した
データから，両走者の区間走速度を折れ線グラフとして重ねてプロットし，バト

ンパス中の走速度推移を可視化しました（図 4-4）．このグラフを見て，選手の主観や条件などを擦り合わせながら，スタッフが各区間のバトンパスについて戦略を練ります．

　以上のような手法で，リレーにおけるバトンパス技術を定量化し，選手及びコーチへフィードバックすることで，技術向上に対するサポートを実施してきました．これらはさまざまな取り組みの一部ですが，分析を進めることで，バトン移動速度を高めるには受け手の加速が重要であることや，理想的なバトンパス位置が明確になってきます．身体能力に依存する部分の多い種目であることは間違いありませんが，リレーという種目の特性を詳細に分析し，緻密な練習と分析を繰り返すことで，わずかな勝機を見出すことができるかもしれません．

4.5　おわりに

　私はこれまで，競技力の向上を目的として，研究活動やトップアスリートのサポート活動に携わってきました．特にアスリートのサポート活動については，一見華々しいように聞こえますが，実際は心身ともにハードな時間がほとんどです．どんなに暑かろうが寒かろうが，雨でも雪でも，競技会や練習が行われます．どれほどたくさん映像やデータを集めても，それらが活用されることはごくわずかです．気難しいアスリートやスタッフも少なくないため，長期の合宿や遠征に帯同するとなると，常に気を張り詰めたまま過ごすことになります．ましてやメダルの懸かった試合では，この上ない緊張感の中で，映像撮影をはじめとする細かな作業を繰り返すことになります．こればかりは何度も経験してもなれず，あまり大声では言えない失敗もたくさんしました．

　そんな心身ともにハードな仕事ですが，自分が集めた情報やデータが少しでも選手やコーチにとって役に立った瞬間は，自分が競技をやっていた時以上に達成感があります．平凡な競技レベルではありましたが，学生時代に繰り返したトライアンドエラーが，巡り巡ってトップアスリートへのサポートに繋がっていると考えると，感慨深いです．

　現在は，大学で勤務しており，一般人を対象として健康維持・増進を目的とした研究テーマに着手しています．アスリートの競技力向上に携わった経験やノ

ウハウを活かす方法を，模索する日々です．アスリートにとっては当たり前なことが，一般人には当てはまらず，ここでも失敗を繰り返しています．しかしながら，その失敗の中に大きなヒントがあることを，これまでの人生の中で，私は知りました．果たしてこれからの人生の中で，この失敗たちがどう活かされていくのか，じつに楽しみです．

註

1) ジャンプトレーニングの一つであり，筋肉の伸張反射を利用して，短時間で爆発的な力発揮を行うトレーニングです．瞬発力の向上が期待できる一方で，怪我のリスクも高いことが知られています．

2) 陸上競技の多くの種目は，4～10月に多くの大会が行われます．11～3月は休養とトレーニングを積む期間となるため，冬の間は鍛錬期とよばれています．

3) 「陸上競技 4×100m リレーにおけるバトンパス技術向上へのデータ活用 ― 東京 2020 オリンピック大会前の練習における事例 ―」『Journal of High Performance Sport 10』(松林武生，小林海，山中亮，大沼勇人，渡辺圭佑，山本真帆，笠井信一，図子あまね，土江寛裕 107-124 2022 年)

読書案内

❶ 福永哲夫編『筋の科学辞典 ― 構造・機能・運動 ―』朝倉書店　2002 年（※ 2022 年に新装版）

　ヒトの筋肉の構造や機能について，科学的な資料に基づいて総合的に説明されています．学生時代，この本に出会ったおかげで，ヒトの身体について興味を持ちました．個人で購入するには高額ですので，まずは図書館で読むことをおすすめします．

❷ 中室牧子『学力の経済学』ディスカヴァー・トゥエンティワン　2015 年

　子供に対するご褒美の効果など，教育にまつわる思い込みで語られる事例について，科学的根拠を示して説明されています．物事を客観的に考える視点が養われるのではないでしょうか．

❸ 有川浩『空飛ぶ広報室』幻冬舎　2012 年

　航空自衛隊の広報室を舞台に，パイロットだった主人公が，広報官として成長していく様子が描かれた小説です．挫折した主人公が，異なる分野で少しずつ活躍する姿に，胸が熱くなります．実写化されたドラマも，とてもおすすめです．

世界新記録の瞬間

皆さんは，世界一のパフォーマンスを，実際に見たことがありますか？スポーツに限らず，何でも構いません．ぜひ一度，自分が興味のある事柄について，その分野の世界一を肌で感じてみてください．その瞬間，想像以上に心が震えます．

2011年8月，当時大学院生だった私は，映像分析スタッフの協力員として，陸上競技の世界選手権テグ大会へ派遣されました．約10日間，毎日午前中のセッションと夜のセッションで撮影を繰り返していました．当時，100m・200m世界記録保持者のウサイン・ボルト選手が現役で活躍しており，大会中何度も彼の姿を見ることができました．ウサイン・ボルト選手の身体は，想像していた何倍も大きく分厚く，体中の筋肉がまるで野生の動物のように隆起しており，美しさすら覚えました．

大会最終日，ウサイン・ボルト選手を要するジャマイカチームが，4×100mリレーで当時の世界記録を更新し，優勝しました．文字通り世界一です．タイムが表示されたその瞬間，会場は揺れるような大歓声で盛り上がり，その偉業を称えていました．ビデオカメラでレースを撮影していた私も，観客と一緒に興奮してしまい，大騒ぎです．もちろん，撮影に失敗したことは言うまでもありません．この世界最高峰のパフォーマンスが生まれた瞬間に立ち会えたことは，この上ない貴重な経験として今も鮮明に脳裏に焼き付いています．いつかまた，その瞬間に立ち会える日を楽しみにしているところです．

トップアスリートが日々トレーニングする様子を見ると，じつに細かい作業を繰り返しています．自身のフォームを1mm単位で修正し，すぐ確認して，また修正し…そんな作業を1年中行い，その成果を最も大きな試合やレースで披露するのです．その姿は，アスリートでもあり，芸術品のようにも思えます．おそらく，世界一のパフォーマンスというのは，スポーツに限らず，心を震わせてくれるような共通する何かがあるのではないでしょうか．

その瞬間に立ち会えることは滅多にないかもしれませんが，学生の皆さんには，この先ぜひ経験してもらいたいことの一つです．その経験は，その先の人生をきっと豊かにしてくれるはずです．ぜひ自分の興味のある世界に，思い切って飛び込んでみてください．

第5章

なぜシンデレラはガラスの靴を履いているのか？
― 小さな問いから始まる探究 ―

栗原　健

5.1　はじめに

　大学は「学問」をする場所です．「学問」という言葉は「学ぶ」「問う」という2つの漢字から成り立っていますが，教養を学ぶにあたっては，積極的に疑問を持って答えを模索していく自主性が必要となります．自ら答えを探究していく態度を養うことが，新しいものを創り出す力を育てることになり，豊かな人生の原動力となっていくのです．

　大学の学びには，「問い」の練習が沢山含まれています．例えば，授業において課されるレポートは，最初に問いを設定し，その答えに至る議論を構築していくトレーニングです．問いが無ければ，そのレポートは目的を欠いた，ただの情報の羅列になってしまいます．明確な問いを冒頭に据えることが，その後のリサーチと議論を形作ることになるのですね．

　そのように言われると，「難しそうだな，私にできるだろうか」と戸惑ってしまう方が多いかもしれませんが，心配は無用です．練習を重ねていけば，「問う」ことは決して難しいことではなく，人間にとってごく自然な営みであることがわかります．ここでは，皆さんがよく知っているメルヘン（昔話，おとぎ話）の「シンデレラ」を題材にして，問いの答えをどのように見出していくか，小さな問いがいかに大きな事柄へと結びついていくか，探究する楽しみを実見してみたいと思います．

5.2　問いの設定：「シンデレラ」の疑問点

　「シンデレラ」の話を知らない人はいないでしょう．けれども，それはどの「シンデレラ」でしょうか．ディズニーの有名なアニメーション（1950年）でしょうか，実写版の映画（2015年）でしょうか．それとも子どもの頃に絵本で読んだ物語でしょうか．絵本にもさまざまなバージョンがあり，その内容は微妙に違っています．混乱を避けるために，ひとまず，「シンデレラ」の物語について基本的な情報を集めてみたほうがよさそうですね．

　幸い入門書として最適な文献があります．中野京子著『特別授業　シンデレラ』（NHK出版）です．著者は『怖い絵』シリーズで有名なドイツ文学者ですが，『NHK100分de名著　読書の学校シリーズ』の1つであるこの本では，中学生の生徒に向けてシンデレラ物語の魅力とその文化的背景を，わかりやすく語っています．

　冒頭で，シンデレラの話は類話が全世界に存在し，その数がじつに500以上に上ることが明かされます[1]．その中には，グリム兄弟（兄ヤーコプ1785～1863年／弟ヴィルヘルム1786～1859年）によるバージョンも含まれます．しかし，一般に私たちがシンデレラと聞いて思い浮かべる話は，シャルル・ペロー（1628～1703年）という17世紀フランスの詩人が書いた「サンドリヨン（灰かぶり）」です．ペローは，「太陽王」と呼ばれたルイ14世に仕えた宮廷人でしたが，民衆の間で語られていたこの昔話を，ヴェルサイユ宮殿の文化を反映させた美しいストーリーに焼き直したのでした．ディズニーのアニメは，このペローの物語を20世紀アメリカの価値観に合わせて作り替えたものです．

　中野の解説をたどりながらペローの話を追ってみると，私たちが思っている話と原話とでは，ところどころ異なる部分があることがわかります．例えば，シンデレラと言えば「無一文からプリンセスへ」という印象がありますが，ペローの話では，主人公は貴族の娘であり，宮廷のファッション等の事柄についても知識があったことがわかります．身分上は宮廷に出入りすることも可能であり，王子の伴侶にもなり得る身の上であったのです．つまり，元の話は「没落した令嬢が，忍耐の末に元の身分を回復する」話であったことになり，ゼロからのし上

がったわけではないのですね．こうした要点は押さえておきたいです．

　基本的な知識を得たところで，この物語について「問い」を考えてみましょう．「何を問うたらよいかわからない」という場合，良い方法があります．目についた事実について，「なぜか？」と一言付けてみることです．それだけで考えを深めるきっかけになります．

　例えば，下のような感じですね．

― 　昔話では，継子が継母やその子どもたちによくいじめられる．なぜか？
― 　泣いている主人公を，仙女（妖精の名付け親）が助けてくれる．なぜか？
― 　仙女は，カボチャを馬車にする．なぜか？
― 　仙女がかけた魔法は，夜 12 時で解けてしまう．なぜか？
― 　物語のカギとなるのはガラスの靴．なぜか？

　こうした素朴な疑問も，答えを求めて深く掘り下げていけば，思わぬ事柄とつながっていきます．ここでは最後の疑問を問いとして設定してみましょう．シンデレラと言えばガラスの靴ですが，なぜ主人公は靴を置いていくのでしょうか．なぜそれはガラス製の靴なのでしょう．この答えを求めて文献を探してみます．

5.3　答えを求めて：ガラスの靴の歴史的背景

　靴に焦点をあてる場合，まずは靴について歴史的な知識を得ることが第一歩になります．昔話の時代に生きていた人びとにとって，靴とはどのような存在だったのでしょうか．複数の文献がありますが，ここでは，中世ドイツ史の専門家であった阿部謹也の「中世靴物語」という文章を見てみます．

　この中で著者は，靴は古来「生命のない物体ではなく，人間のさまざまな思いが込められたシンボリックなモノ」であったと指摘します[2]．靴は人間の身体の一部を意味しており，例えば，敵に追われた逃亡者が教会などのアジール（避難所）に庇護を求める際には，靴をその中に投げ入れれば，すでに聖域に到達したものと見なされて保護されたのです．夜に寝床に入るまで靴を脱がない西洋文

化においては，靴はそれを履いている人間と不可分だったことがわかります．また，靴を誰かに渡すことは，土地の所有権を譲渡したり，相手の支配権を確認する行為でもありました [3]．

　阿部が挙げた事例を考えると，シンデレラが靴を置いていったことは，単に落とし物をしたというレベルではない，深い意味があったことがわかります．靴を残すことは，自分自身の一部を王子のもとに残す，つまり王子に心を許したことを意味するからです．社会史学者でメルヘン研究者の森義信は，「片方のガラスの靴を残していったシンデレラは，ちゃんと手がかりを置いていったのだ，とも考えられます」と述べていますが，これはある意味で手がかり以上のもの，「私を見つけてください」という積極的な意思表示と言えそうです [4]．王子が断固として彼女を探し出すことを決意したのも，無理からぬことですね．

　実際，古ゲルマンの文化には，婚約の際に花婿が花嫁の足に靴を履かせる儀式があったとされています．男性から靴を得ることで，女性は正式に妻としての地位を認められたのでした [5]．シンデレラが靴を試す場面とのパラレルは明らかです．こうした要素が，物語の土台となっていることは間違いないでしょう．

　ところで，この靴はなぜガラス製なのでしょうか．先ほど触れたように，シンデレラの類話はグリムのものも含めて世界各地に伝わっていますが，カギとなる靴はガラス製ではありません [6]．ペローが参考にした民話がどのようなものであったか，今となっては定かではありませんが，おそらくガラスのモチーフはペローによる創作なのでしょう．

　なぜペローは靴の素材をガラスとしたのか．この理由は，私たちにもいくつか想像できそうです．ガラスの靴という，現実にはおよそあり得ない履物を登場させることによって，物語のファンタジー的雰囲気は一気に高まります．さらに，壊れやすい素材で作られた靴を難なく履きこなす主人公の姿は，彼女の洗練された優雅な動作を読者に想像させるでしょう．ガラスの透明なイメージは，純粋さや純潔をも示しているはずです．巧みに練られた詩的な演出といえます．

　しかし，歴史を掘り起こしてみると，どうやらここにはいささか俗っぽい背景も隠れているようです．グリム童話の研究者として知られる野口芳子は，ペローの物語が描かれた当時，ルイ14世と宰相コルベールが国内のガラス産業を奨励し，ピカルディに王立工場を建設してガラスの製造・輸出に努めていたこと

を指摘しています．物語にガラスの靴を登場させることによって，ペローは「おそらくガラス商品の美しさをアピールしようとしたのであろう」というのです[7]．

　突飛な意見に思えますが，これは十分あり得ることです．ヴェルサイユ宮殿の豪奢な「鏡の間」からうかがえるように，光り輝くガラスや鏡，水晶は国王の栄光の輝きを示す品として見られ，ルイ14世の宮廷文化の重要な一部を成していました．1686年にシャム（現在のタイ）の使節がヴェルサイユを訪問した際，ルイは，水晶の鏡やガラス製の自身の肖像メダルを彼らに与えています[8]．ガラスは，魔法の城のような宮殿を建てることができる王の権威と力を示すアイテムだったのです．

　そうだとすると，ルイとコルベールに仕えていたペローが，仙女が与えた靴をガラス製として描いても，不自然ではありません．貴族の娘であり，王子の妃となるべきヒロインの履物には，王の栄光を映し出すガラスの靴こそがふさわしい．国王の事業の宣伝も兼ねた，抜け目の無い宮廷詩人らしい工夫です[9]．

　このように，「なぜ，ガラスの靴がこの物語のカギなのか」という問いの答えを探していくと，ヨーロッパ文化の中で靴が何を象徴していたか，物語の背景の中でガラスが何を意味していたかなど，思わぬ発見が次々に出てきます．些細に見えるものであっても，その背後には，さまざまな歴史や文化が地層のように積み重なって隠れているものです．答えを探求する中で，その蓄積を見つけていく．これが教養を学ぶ楽しみです．レポートを書くことは本来，そうした発見を実体験していく旅のプロセスなのです．

5.4　新たな視点から：ジェンダー論から読み直す

　ところで，先ほど，「シンデレラは手がかりを置いていった」という言葉がありましたね．仮にシンデレラが故意に靴を置いていったとすると，彼女は一体どのような女性でしょうか．彼女は，自ら運命を切り開く意志ある人でしょうか．それとも，自分を助けてくれる仙女や，迎えに来てくれる王子に頼るだけの受身の人でしょうか．ここでジェンダー論が関わってきます．

　ジェンダーを簡単に定義すると，「社会的・文化的・政治的に作られた性別のイメージ」となりますが，この点に注目して昔話を見直すと，どのようなことが

見えてくるでしょうか．じつは，シンデレラの物語，とりわけディズニーのアニメ版はフェミニストの間では非常に評判が悪いです．「なぜ？」と思うのなら，それがすでに新たな問いです．早速調べてみましょう．

　ストレートにこのテーマについて取り組んだ本として，若桑みどり著『お姫様とジェンダー―アニメで学ぶ男と女のジェンダー学入門』（筑摩書房）が参考になります．この本の中で若桑は，シンデレラの物語を，「女の子は自分で幸福をつかみ取る努力なぞ一切しなくても，人の言いつけをきいて『すなおに』さえしていれば（そしてキレイでさえあれば），誰かが，つまりは白馬に乗った王子様が幸せをもたらしてくれる」話と見て，女性の内面に男性に対する依存心や受動性，自立することや自分の能力への不安を植えつけてしまうものとして批判します [10]．ここで若桑は，「シンデレラ・コンプレックス」という重要なキーワードに言及します．これはアメリカのジャーナリストであるコレット・ダウリングが提示した概念で，女性が自らの幸せを男性に委ねてしまうことにより，自主性や創造性を発揮する力を失くしてしまう心の縛りのことを指します．シンデレラを始めとするプリンセス物語は，こうした家父長制的なジェンダー規範を女性たちに刷り込んでしまうと若桑は指摘するのです．

　『お姫様とジェンダー』の興味深いことは，大学の授業で女子学生たちにディズニーのプリンセスもの（「白雪姫」「シンデレラ」「眠り姫」）のアニメを鑑賞させ，感想を書かせていることです．ジェンダー論に関する知識を学んだ学生たちは，当然，子どもの頃とは異なる視点でアニメを見直します．「シンデレラ」について言えば，「この物語ではすべてが外見できまっている」「ハンサムでスタイルがよく金持ちの男と結婚することが一番いいことだということが，あまりにも露骨に描かれている」「シンデレラは男性が求める女性のすべてです．美しい顔をしているのに召使のように働き，洗濯をし，食事を作り，家のすべてを任されています」「泣いてさえいればあわれに思って誰でも助けてくれると信じているような気がしてならない」など，厳しい感想が寄せられました [11]．以前は気づかなかった，刷り込みの危険性に気づいた声です．ここから学生たちは，「外見ではなく（自分という）人間全体を愛してほしい」「自分の力で運命を切り開きたい」といった自らの心の願いを確認していきます [12]．

　どうでしょう，「たしかにそのような見方もできる」と納得させられますね．

若桑の本を読んだ後には，シンデレラも，今まで自分が楽しんできたアニメや物語も，急に異なる印象を帯びてくるのではないでしょうか．こうした見方を学ぶことにより，メディアが私たちに提供してくる情報についても鵜呑みにせずに，「この情報は，どのような意図や価値観をもって発信されているのか」と吟味する慎重さが養われるはずです．ジェンダー論が大学での学びにおいていかに重要であるか，この例からも理解できます．

5.5　批判的検討のための問い：グリム版を読む

　とはいえ，前述の議論を読んで「ちょっと待った！」と感じた人もいるかもしれません．かつて自分を夢中にさせたプリンセスの物語は，男性中心社会の価値観を刷り込むツールにしかすぎないのだろうか．全て否定されるべき存在なのだろうか．「納得できないぞ」と思う人もいるでしょう．そもそも，もしもシンデレラがそのような情けない存在なら，なぜ多くの人びとが何百年も彼女の物語を愛してきたのか．そこには，何かしら人間の心に響く深い要素があるのではないか．いろいろな疑問が湧いてきます．

　こうした疑問を感じることは重要です．分析力を向上させるためには，感情論ではない異論を言語化していく力が必須になります．この場合の異論とは，異なる見方や可能性を示して議論を深める「ツッコミ」です．他者の意見，あるいは自分自身の主張に対してもツッコミを考え，どのように応答できるかを考えてみる．この検証プロセスを「批判的検討」といいますが，思考力を鍛えるためには不可欠なことです．

　ここからは，ジェンダー論の解釈に異論を示すことを通じて，批判的検討を加えてみましょう．その場合，どのような切り口のツッコミが可能でしょうか．先ほど，「シンデレラの類話は世界中にある」という情報を見ましたね．そこから，次のような問いを示すことも可能です．「ペローやディズニーのバージョンは，あくまで数あるシンデレラ物語の一部ではないか．他の物語では，主人公は異なる姿で描かれているのではないだろうか？」この方向で考えてみましょう．

　ペロー以前にも，ヨーロッパではシンデレラ系の話が民衆の間で語り伝えられていました．中でも古の形をとどめているのが，グリム兄弟が再話した「灰か

ぶり」です．物語の大枠は同じですが，このバージョンのシンデレラは能動的，積極的であり，ペローやディズニーのものとは異なる姿を見せてくれます（グリム版については，幸い中野の著の第2章に詳しい解説があります）．

話の内容はこうです．ヒロインは貴族の令嬢ではなく，ある裕福な家の娘．母を失って不幸になった彼女は，父親に木の小枝を所望し，それを亡母の墓に植えて自分の涙で育てます．成長した木（ハシバミ）には白い鳥がとまるようになりますが，この鳥には，灰かぶりが願うものを与えてくれる力がありました．やがて，王が舞踏会を開くと聞いた彼女は，継母に自分も連れて行ってくれと頼みますが，もちろん意地悪な継母は認めません．かえって無理難題を吹っかけて嫌がらせをします．あきらめない灰かぶりは，ハシバミの木にお願いし，鳥から豪華なドレスと靴を手に入れます．家に帰る灰かぶりと追跡する王子のドラマが3回にわたって演じられた後，靴が決め手となって彼女は王子と結ばれます [13]．

「ハシバミの小枝」「白い鳥」が何を指すかについては「母の遺産」「亡母の霊」等の説がありますが，確実なことは，灰かぶりは自分が何を望んでいるか，そのために何が必要かを理解しており，夢を実現させるために自ら動いていることです．継母や継姉たちの前では彼女はメソメソしていますが，いったん彼らがいなくなると，素早く行動に出ます．自分のリソースを用いて服を確保し，王子に会いに行くのです [14]．馬車や従者は不在です．独りで夜道を歩いて行ったのでしょうか．彼女の堅固な意志が感じられます．

民衆のヒロインが持っていたこうした行動力は，宮廷人であるペローによって大幅に薄められてしまいました．シンデレラを上品で受身型の女性に描き換えることによって，彼女を権威主義的な貴族社会にふさわしい，善良で従順な存在に焼き直したのです（ジャック・ザイプスという文学者は，この変更を，当時のフランス社会で進んでいた「文明化過程」と結びつけています [15]）．この後，時代を通じてシンデレラはさらに無力化されていきました．アメリカの作家ジェイン・ヨーレンの言葉で言えば，民衆のシンデレラが本来持っていた「逆境から立ち直ろうとする強い精神を持った娘」というイメージが失われ，「はにかみやで自分の力ではどうにもできない夢みる少女」と化してしまったのです [16]．

グリムのみではサンプルとして不十分ですが，この1話だけでもシンデレラ物語には多様性があり，ひとくくりに断罪することはできないことがわかりま

すね．話の背後にある文化や歴史によって，主人公の性格付けが異なってくるからです．しかしながら，この議論は同時に，ジェンダー論の有効性を示すものにもなるでしょう．比較対象としてグリムの話を見ることにより，シンデレラから知恵や行動力を削り取って男性に都合の良い存在に変えてしまった家父長制社会の問題が，一層浮き彫りになるからです．シンデレラ物語は一概に否定すべきではないにせよ，やはり油断ならないものである．類話に関する批判的検討によって，このような結論を出すことができます．

5.6　さらなる問い：子どもがメルヘンから得られること

　しかし，前述の議論に対して，逆にジェンダー論の立場からツッコミを入れることも可能です．能動的なグリムの「灰かぶり」にしても，依然として他者に助けられているし，最初から王子との結婚に幸福を求めている（他の類話でもこのモチーフは共通しています）．これはやはり他力本願，物質主義や金持ち志向といったネガティブな傾向を示しているのではないだろうか．そのような指摘は十分可能です．

　この疑問に答えるためには，先ほど言及した，「なぜ，シンデレラの話はこれほどまで愛されているのか」という点を分析することが必要となるでしょう．

　さて，今度は何を切り口にすればよいでしょうか．メルヘンの主要な読者と言えば，大人よりも子どもです．刷り込みの危険に最初にさらされるのは，彼ら・彼女らでしょう．その点を考えて，ここでは幼い子どもたちの反応に注目し，「子どもたちは，なぜシンデレラ物語を好むのか」との問いを設定してみましょう．果たして幼児は，昔話から何を受け取っているのでしょうか．

　この問いにヒントを与えてくれる専門書があります．オーストリアに生まれ，後年アメリカで活躍した心理学者ブルーノ・ベッテルハイム（1903～1990年）が著した『昔話の魔力』（評論社）です．ベッテルハイムは児童心理の視点から，古くから伝わるメルヘンには，子どもたちの心の成長プロセスを支える力があると考えます．多くの昔話は，主人公が試練に直面するものの，援助者の助けを得てこれを克服していくという構造をしています．これらのストーリーに描かれているのは，「ひとりぼっちで世の中に出ていかなければならなくなって，

はじめこそ最後にどうなるか見当もつかなかったが，心の奥の確信に従って正しい道を進んでいき，とうとう自分のあるべき位置を見出す」に至る人間の姿だとベッテルハイムは見るのです[17]．

　元気に見える幼児も，内心では多くの寂しさや心細さ，不安を抱えています．私たちも幼い頃，「ちゃんとできるかな」「独りで大丈夫かな」と多くの不安を感じていました．いずれ親から離れなくてはいけない，独りで進んでいかなくてはいけないということを，子どもながらに内心感じていたからです．メルヘンを聞く時，子どもたちは主人公と共に想像の中で旅しながら，人生の知恵を学んでいきます．

　　　（昔話の）主人公の運命は，子どもたちに，こう確信させる．いつか自分もこの主人公のように，広い世界にたった一人で放り出されて，暗やみを手探りで進むようなことになるかもしれない，だがやはり昔話の主人公のように，必要な時はだれかが助けてくれるから，その手に導かれて人生を一歩一歩進んでいくのだ，と[18]．

　ということは．意外にも，昔話に登場する助け手というのは，決して主人公を甘やかして依存させる存在ではなく，むしろ彼らの独立を助ける存在，「ひとりじゃないよ」と励ましてくれる安心感の象徴といえます．自分に不足があっても，必要な助けは得られるだろう．そのような信頼感がなければ，勇気をもって世界に踏み出していくことはできません．自立とは，他者と助け合える関係を作ることによって可能となることだからです．

　この点，シンデレラのストーリーが，主人公が母親を失って孤立無援となるという設定で始まることは，意味ありげですね．「ひとりぼっちで進まなくてはいけない」という，子どもの不安感と重なるからです．グリム版の場合，彼女は亡母の墓に植えたハシバミに支えられて苦境を脱しますが，このモチーフは，親に愛された記憶が心の支えとなり，人生の苦難を克服する際に助けとなることを示すとベッテルハイムは考えます[19]．おそらく本来のシンデレラ物語は，そのようにタフでリアルな人生譚だったのでしょう[20]．

　最終的に主人公が王子と結婚することには，どのような意味があるのでしょうか．シンデレラに限らず，メルヘンには主人公が結末において王国の支配者に

なるものが多いです．ベッテルハイムは，これを「独立」を達成した状態を示すと見ます．誰に支配されるのでもない，「自分で自分を支配する，真に自律的な人間になる」ことを象徴するというのです[21]．そう考えると，これは「誰かに幸せにしてもらう」状態とは異なりますし，富や権力に憧れる物質主義とも違います．

　若桑の著にあるように，シンデレラについてはルッキズムの害が注目されがちですが，ベッテルハイムは異なる可能性をも示唆します．シンデレラが普段の灰だらけの姿のまま靴に足を入れる場を設けたのは，「王子が自分を選ぶ前に，そういうきたない姿を見るようにしむけた」ためだと言うのです[22]．ありのままの自分，豪華な衣装をまとわない自分の姿をあえて一度見せ，その上で自分を受け入れるか否かを王子に決めさせた，とも言えますね．確かに，もしも王子が舞踏会で見た外見だけを基準に彼女を選んだのであれば，ここで彼は大きなチャレンジを受けたことになります．

　このように幼児の成長プロセスとの関係に注目してみると，ジェンダー論だけでは見えなかった部分が明らかになってきます．表面的には軽薄に見える話の展開にも深遠な意味が含まれており，子どもを他力本願にさせるどころか，むしろ独り立ちの勇気を与える機能があったことになります．一見違和感を感じさせるモチーフも，深層心理の世界では豊かな象徴性を帯びているからです．こうした点が，今なおシンデレラ物語が子どもたちの間で愛されている秘密だと言うことができるでしょう．

　しかし，結論を急がないようにしましょう．検証の際には，慎重さが必要です．昔話にそうしたポジティブな機能があるとしても，そもそもベッテルハイムが語る昔話と，若桑が批判しているプリンセスもののアニメとを同列に語ることは可能でしょうか．

　ベッテルハイムの著が刊行されたのは 1976 年，彼が子どもたちの心理を研究していたのは当然それ以前です．すでにディズニーのアニメは登場していますが，彼の議論は，あくまで子どもたちが素朴な絵本の読み聞かせを受けて，自ら想像力を用いながらファンタジーの世界を旅していくことを前提としているはずです．子ども側の主体的，能動的な参加があるからこそ成り立つ主張です．

　一方，現代のアニメやプリンセスグッズはどうでしょうか．ビジネス側がす

べてお膳立てをして，子どもは企業が作ったキラキラしたイメージや女性観を押しつけられます．受け手は完成されたビジュアルの世界を与えられるのみであり，主体性が期待されない受動的な立場に置かれるのです．この点を考えると，ベッテルハイムの議論は絵本などには有効であるとしても，アニメとなると勝手が違うように思えます．どうやら，アニメについては若桑の主張のほうに軍配が上がりそうですね（その場合，「どのアニメにあてはまり，どれにはあてはまらないか？」が次なる問いになりますが）．

　本章では，「ガラスの靴」から浮かび上がる物語の歴史性を問いの一例として用いた後，ジェンダー論を軸としてシンデレラ物語の諸相を分析してみました．このように一つの視点やテーマを叩き台とし，その見方に対する異論を検証しながら視点の有効な点，限界となる点を見つけていくことは，研究の内容を深化させることになります．批判的検討は決して相手を「論破」しようとすることではなく，相手の主張がカバーしていない部分を補い，時としてその長所を一層引き出すことがあることも，ここから理解できたと思います．

　これまでの議論を見てきて，シンデレラ物語がいかに重層的な世界を持っているか，皆さんも驚かされたでしょう．教養とは，このように当初無関係と思えていた事柄の間につながりを見出し，新たなトピックとも結びつけていく力のことです．

▎5.7　終わりに：問う力を鍛えるために

　最後に，学びのヒントになることを付け加えておきます．

　ここまで見てきたように，分析のプロセスにおいて最初に大切になることは，どのような問いを設定するかということですね．自分が知っている情報から，いかに有望な問いを立てていくか．これが研究の中身を決めます．この力を養うために，少なくとも二つのことが重要になります．

　一つ目は，自分が感じたことを言語化する力です．ある意見を知って「納得できない」「何か足りないものがありそうだ」というモヤモヤした気持ちを抱いたとしても，どこに自分の思考が引っかかっているかを言葉で表現することができなければ，単なる「快・不快」で終わってしまいます．それでは学びにならない

し，他者に自分の思いを伝えることもできず，ストレスがたまってしまいます．言語化するためには，やはり語彙力・表現力を高めることが必須です．

　そのためにカギとなることは，少しでも多くの本を読むことです．これが二つ目のポイントです．何もしないままで自然に語彙や表現パターンが増えるということは，まず無いと言えます．本を読み，意見や疑問がどのように言い表されているかを知っていくことにより，自分のモヤモヤを言語化する力も養われていくのです．自分が内心感じていたことが的確に言葉にされているのを見つけた時には，「得たり！」という爽快感，心にストンとくるものがあります．その表現を参考にしながら，今度は自分なりに考えを言い表していけばよいのです．

　加えて，当然ながら，問いを立てるためには少しでも多くの情報や知識，視点を持っていたほうが有利です．「情報ならネットで探せば得られるよ」と思う人もいるかもしれませんが，現実問題として，ネットを使いこなすためには本を読むことに慣れている必要があります．そのような基礎力がなければ，膨大な情報を識別して活用することは不可能だからです．本とネットとは車の両輪のようなもので，両方が必要になります．

　私を含めて社会人の多くが後悔していることは，「大学にいる間に，もっと本を読んでおけばよかった」ということです．大学時代の読書量は，その後の人生の豊かさに大きな影響を与えます．寸暇を惜しんで本と向き合うようにしてください．

註

1)　中野京子『特別授業　シンデレラ』NHK 出版 2017 年 p.5.

2)　阿部謹也「中世靴物語」『阿部謹也著作集』第 3 巻 筑摩書房 2000 年 p.356.

3)　同上，p.357.

4)　森義信『メルヘンの深層─歴史が解く童話の謎』講談社 1995 年 p.34.

5)　Marian Roalfe Cox, *Cinderella* (London: Forgotten Books, 2015), 505; Tran Quynh Ngoc Bui, "Structure and Motif in the 'Innocent Persecuted Heroine' Tale in Vietnam and Other Southeast Asian Countries" *International Research in Children's Literature* 2:1 (2009), 41.

6)　以下を参照：アラン・ダンダス編『シンデレラ─9 世紀の中国から現代のディズニーまで』池上嘉彦・山崎和恕・三宮郁子訳 紀伊國屋書店 1991 年.

7)　野口芳子『グリム童話のメタファー─固定観念を覆す解釈』頸草書房 2016 年 p.75.

8) Genevieve Warwick, *Cinderella's Glass Slipper*, Cambridge: Cambridge University Press, 2022, 82-83.

9) 中野も，ガラスの靴にはヴェルサイユの鏡の間の輝かしさが投影されていると見る．中野，前掲書 p.62-63.

10) 若桑みどり『お姫様とジェンダーーアニメで学ぶ男と女のジェンダー学入門』筑摩書房，2003 年 p.32.

11) 同上 pp.114-127.

12) 同上 p.135.

13) ヤーコブ・グリム，ヴィルヘイム・グリム『完訳　グリム童話集』第 1 巻 金田鬼一訳 岩波書店 1979 年 pp.227-242.『完訳クラシック　グリム童話』第 1 巻 池田香代子訳 講談社 2000 年 pp.166-177.

14) 中野は，灰かぶりが服のデザインを自分で指定していることに注目し，「仙女におまかせ」だったペローやディズニーのヒロインとの違いを指摘する．中野，前掲書 p.62.

15) 以下を参照：ジャック・ザイプス（鈴木晶・木村慧子訳）『おとぎ話の社会史－文明化の芸術から転覆の芸術へ』新曜社 2001 年．ザイプスは，口承版におけるシンデレラは，「社会における威信と権利を取り戻そうとする若い女性の苦闘を描く，母権制の伝統から生まれたもの」と見，「その目標とは結婚ではなく，認められることだ」「王子と結婚するのは，彼女の強い独立した人格が認められたことを象徴的に示している」としている．ザイプス，前掲書 p.57.

16) ジェイン・ヨーレン「アメリカのシンデレラ」（ダンダス編『シンデレラ』所収），p.347-p.348.

17) ブルーノ・ベッテルハイム『昔話の魔力』波多野完治・乾侑美子訳 評論社 1978 年 p.29.

18) 同上．引用文冒頭の「(昔話の)」は著者による補記．

19) 同上，p.334.「愛された記憶」が人生に与える影響については以下も参照．西内みなみ『愛された自分に出会う時：自分自身を愛するために』ドン・ボスコ社 2009 年．

20) ペローでは，この助け手は極めて母親的な「仙女（妖精の名付け親）」に変えられてしまった．このため，独り立ちのための冒険というイメージが大幅に薄まってしまっている．

21) ベッテルハイム，前掲書 pp.174-175.

22) 同上 p.349.

❶　中沢新一『モカシン靴のシンデレラ』マガジンハウス　2005 年

　　フランス人の入植者から聞いたシンデレラ物語を，ネイティブ・アメリカンであるアルゴンキン族の人びとが自らの感性に合わせて作り直した民話．原話とはまったく異なる内容に変えられているにもかかわらず，「こちらのほうが本来のシンデレラではないか」と思われるほど鮮烈な印象を与えます．

❷　廉岡糸子『シンデレラの子どもたち─現代おとぎ話におけるヒロイン像の変遷』
　　阿吽社　1994 年

　　ペローやディズニーアニメの批判に始まり，フェミニズムの立場から書かれた 20 世紀後半のおとぎ話の女性像を多数紹介します．ヨーレンのほか，タニス・リーなどの作品も登場．

❸　山室静『世界のシンデレラ物語』新潮社　1979 年

　　アジアを含む世界各地に伝わるシンデレラの類話（継子いじめ譚）を詳しく解説し，その起源に迫ります．末尾に 20 篇の物語の翻訳も添付．なお，シンデレラ物語の系譜については浜本隆志『シンデレラの謎─なぜ時代を超えて世界中に拡がったのか』（河出書房新社，2017 年）も参考になります．

❹　ロバート・ダーントン，海保真夫・鷲見洋一訳『猫の大虐殺』岩波書店　1986 年

　　18 世紀フランスの心性史を主眼とした歴史研究ですが，第 1 章「農民は民話をとおして告げ口する」は，昔話の内容から当時の農民の価値観，日常生活を読み取ろうとする論考で，歴史とメルヘンの関係を学ぶことができます．

❺　阿部謹也『ハーメルンの笛吹き男─伝説とその世界』平凡社　1974 年

　　1284 年にハーメルンの町で発生したとされる，130 人の子どもたちの失踪．この謎めいた伝説を通じて，著者は中世ドイツにおける楽師の社会的地位，賤民と見なされた人の苦しみなどに肉薄します．筑摩書房から文庫版も刊行されています．

ドイツ謎巡り：靴にまつわる伝承

私は大学ではキリスト教学を教えていますが，もともとの専門はドイツ宗教史で，特に民間伝承と宗教の関係に関心を持っています．このため，論文研究のためにドイツに滞在していた時には，ミステリアスな伝説が伝わる場所を相当歩き回りました．笛吹き男の物語で有名なハーメルンをはじめ，ゲーテの『ファウスト』にも登場する魔女の山ブロッケン，トリックスターとして知られるティル・オイレンシュピーゲルの墓，貴婦人の幽霊が出ると言われる城や小人伝承が残る林，鬼火が燃えるという教会の廃墟も訪ねています．私がよく滞在していた町はヴォルフェンビュッテルという所ですが，町から30分ほど歩いた場所にある森には，魔女とされた女性たちが火刑にされた刑場跡が現在も残っています．私が行った時には，心ある人が犠牲者を悼むためにロウソクを灯した跡がありました．魔女裁判と言うと遠い昔話の世界のように思えますが，ドイツでは，その痕跡が現実の歴史の暗部として眼前に存在しているのです．

民間伝承の世界には，「公式」の世界では表現され得なかった世界観や人間のナマの願望，ほの暗い思いやあこがれなどが映し出されており，そこに私は心を惹かれます．ここでは，靴にまつわる伝承を見てみましょう．

阿部謹也の「中世靴物語」にもあるように，靴は呪術性を持つ魔法のアイテムとして見られていました．ドイツの古城や旧家ではしばしば，壁の中から古い靴が見つかることがあります．明らかに魔除けか幸運のお守りとして塗り込められたものであり，殊に子どもの靴は効果があると信じられていたようです．2010年，デュッセルドルフ近郊にあるリートベルク城の塔の壁から8足の古靴が発見されましたが，このうち2足は子どものものでした．ハイルブロンのホルクハイム城では，18世紀の児童の靴が4足，屋根の梁から見つかっています．

なぜ，靴にそのような力が宿ると見なされていたのでしょうか．残念ながらその理由は定かではありません．マクロコスモス（大宇宙）である大地と常に接している靴は，ミクロコスモス（小宇宙）である人間と自然界をつなぎ，守護する力を持つと思われたのでしょうか．イギリスでも家の壁や屋根から昔の靴が見つかることがあり，これらも同様の意図をもって埋め込まれたものと思われます．

ヴォルフェンビュッテルでの研究の際，私は奇妙な史料を見つけました．1627 年にドイツで刊行された魔女裁判に関するパンフレットです．ここには，「踊りに出かける少女の左の靴に，悪魔が魔法をかけて踊らせた」という記述が登場します．なにやら，アンデルセンの怖い童話「赤い靴」を思い起こさせる話ですね．

アンデルセンはしばしば民間伝承に童話のインスピレーションを求めていますから，もしかしたら彼も魔法をかけられた靴の話を聞いたことがあったのかもしれません（なにしろ彼の父親は靴職人でした）．それもこれも，靴が人間世界と異世界を結ぶ特殊なアイテムであったからでしょう．シンデレラの靴もその流れのうちに位置づけることができると思うのですが，いかがでしょうか．

戸野塚 厚子

第⑥章

他国から "みる" とはどういうことか？

6.1 はじめに

　他国から日本をみてみる．具体的に他国を知り，比較することを通して鮮明になってくる日本の学校への "疑問" や "問い" について考えます．

　みなさんにとっては他者の探究を追体験する形になりますが，本章の内容が現地に足を運ぶことの意味と楽しさ，そして "比較" という概念の再発見の機会なることを願っています．

6.2 "比較" という言葉のイメージ

　みなさんにとって "比較" という言葉は，プラスのイメージ，それともマイナスイメージ，どちらでしょう．プラスかマイナスかを選択をして，どうしてそのように考えるのか，その理由を周りの人と意見交換してみてください．

　これまでの私の経験では，"比較" にネガティブなイメージを持っている方が多かったように思います．それは，比較が優劣をつける行為として捉えられていることに起因していました．

　教育の世界でもしばしば「こどもを比較してはいけない」という言葉を耳にします．それは，一面的，部分的な比較をして優劣をつけて序列化し，評定するこ

とに対する警鐘でもあります．こどもはもとより，私たちはみな多面的で重層的です．したがって，"比較"を通して共通点や差異を見出しても，優劣をつけることは容易ではありません．

　私にとっての"比較"は，学校や教室の営みの共通点や違いを掘り下げていく中から「問い」が生まれ，探究が始まり広がっていく行為なのです．他国から日本をみる上で，避けては通れないことと言ってもよいでしょう．

6.3　参与観察で"面白い"と思ったこと，疑問，そして芽生えた"問い"

　スウェーデンの学校を訪ねると必ずと言ってよいほど「面白い」と思うこと，そしてそこから「なぜ？」「どうして？」という疑問が生まれます．それらは，その土地，学校，教室に行ったからこその疑問だと思います．研究目的に直結はしないようなことでも，面白くて目が離せない，心が動く出会いがあります．同じ教室に行っても，面白いと思うものは人それぞれ異なっています．一見素通りするような出来事であっても，教育，学校についての知識／理解を蓄積していくことで面白がれる，みえるようになっていくのも研究の醍醐味なのです．そして，そこからたくさんの疑問が生まれ，それがやがては問いとなってくるのです．

　早速，いくつかのエピソードを紹介します．

6.3.1　時間割 [1] ／始業ベル
　図6-1は，基礎学校低学年の教室を撮影したものです．授業の参与観察に行って目に止まりました．多くの日本の学校のように，模造紙に書いて黒板周辺に貼られている固定の時間割は見当たりません．

　ラーロプラン（国レベルのカリキュラム）に明記されている時間数を守れば，その日の時間割は担任の裁量の範囲だというのです．

　ただし，高学年（7〜9年生）になり教科担任制になると状況は異なってきます．

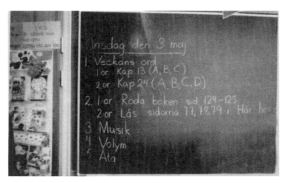

図 6-1　基礎学校低学年の教室の黒板
（1995 年 5 月 3 日　筆者撮影）

図 6-1 の黒板には，下記のように書かれています．

●5 月 3 日水曜日

1 時限．週の言葉

　　　　1 年生　Kap13（A,B,C）

　　　　2 年生　Kap24（A,B,C,D）

2 時限．1 年生　赤い本　124-125

　　　　2 年生　『ここで私たちといっしょに』77-79 を読む

3 時限．音楽

4 時限．体積（算数）

5 時限．昼食

この時間割を見ていくと，いくつかのことが頭をよぎります．

疑問

「このクラスは 1 年生と 2 年生の複式クラス？」

「担任が柔軟に時間割を変更すると，困ることもあるのではないか？」

「教科書はどうするのだろう？」

「登校日前日に（時間割を見ながら），ランドセルに教科書を入れて準備が
　できないのではないか？」

　そこでわかったのが，スウェーデンの教科書（Läromedel，学習材）は貸与制であるということ．そのため，ランドセルに入れて持ち歩く必要はありません．

　それらは教室に置かれていて，必要な時に配布されます（図6-2）．

　「なるほど面白い」

　このようにして探究が始まっていくのです．

図6-2　エング基礎学校（Ängskolan）3年生の教室
（2022年11月10日　筆者撮影）

　もちろん，個人で所有したければ他の書籍と同様に購入可能です．教科書（学習材）は，通常教室の本棚におかれているので，先にも言ったようにこどもたちは重たいカバンを背負って通う必要がありません．そのこととも関わって，スウェーデンの教科書（学習材）は，写真が豊富で厚めです．日本の教科書は無償で給付制．ランドセルに入れて持ち歩くので，スウェーデンに比べて薄めです．日本もスウェーデンも無償であることは共通していますが，日本の教科書は新学期に新品のものが個々人に支給されるのに対して，スウェーデンでは何年か使うリユースとなっています．私は，新学期に新品の教科書が手渡されると「また頑張ろう」という気持ちになったものですが，リユースの教科書は個人所有ではないので，ワクワク感はありません．

　日本は学習指導要領が改訂されるたびに，教科書の内容もそれに合わせて改訂

されます. スウェーデンはラーロプランが改訂されても教科書が変わるとは限りません. 教科書を教えるという授業ではないため, それらは教育内容に迫る "学習材" の一つという理解でよいでしょう.

　一例を挙げると, エング基礎学校の1年生のクラスを参与観察した際に, 担任の先生が, 「教科書 (学習材) を使ってみよう. みんなは, 初めて使うことになりますね」と言っていました. 8月中旬が入学式で, 私の訪問が10月でしたので, その間は教科書を使わずに授業をしていたことになります. ラーロプランに定められているミニマムを押さえていれば, あとは執筆者の裁量で, 表現の自由が保障されているため出版社によってカラーがあります. 日本は文部科学省による教科書検定があるのでスウェーデンに比べると均一的な内容となっています.

　スウェーデンでは採択も学校の裁量, 担任の裁量に委ねられているので, 日本で話題になる「教科書採択率 (各出版社ごとの採択率)」といっても, 教師にも出版社にも理解されませんでした. そもそも, 調べようがないので誰も気にしないのです.

　「黒板の時間割が面白い」というところから始まって, カリキュラムにおける担任の裁量, 教科書 (学習材), ランドセル等, スウェーデンと日本の学校教育, すなわち共通点と差異が少しずつ姿を現してくるのです.

　給付制の教科書に慣れていたので, 貸与制度が新鮮に感じます. このように, 他国に足を運ぶと, 当たり前と思っていたことが当たり前でないことに気づかされます. そして, さらなる疑問が生まれてくるのです.

疑問

「貸与制の国は他にもどのくらいあるのだろう?」
「貸与制を選択している国, 給付制を選択している国では何が違うのだろうか?」
「先の黒板の写真は1995年のものであったが, 現在はどうなのだろう?」

　貸与制の国は, スウェーデンだけではありません. カンボジア, フィリピン, マレーシア, ニュージーランド, アメリカ, カナダ, ブラジル, ペルー, イ

ギリス，エストニア，オランダ，ドイツ，ノルウェー，ハンガリー，フィンランド，フランス，ロシア，ケニア，南アフリカ等が知られている[2] ことがわかりました．

　日本とスウェーデンの比較に止まらず，スウェーデンの時間割における，今と1990年代の"比較"，変遷も重要です．

　図6-3を見てわかるように，黒板がホワイトボードに変わっていますが，90年代同様に時間割がホワイトボードに書かれています．高学年（中学校）はこどもが教科担任の教室に移動するのですが，訪問したクラスでは2週間分の学習内容が掲示されていました．

　また，社会のデジタル化が進み，2018年からは，親もこどももアプリにパーソナルナンバーを入れると学校の情報を入手できるようになっています．次週の時間割，週の学習の力点項目（準備物），宿題，給食のメニュー，先週の学習報告（ポートフォリオ），欠席の連絡，教師と保護者，保護者同士のメールのやりとりが，このアプリで行われています．

　基礎学校に通うこどもを持つリンデル佐藤良子氏によれば[3]，1週間分の時間割がアプリで配信されているものの，先生の時間割における柔軟性は担保されているそうです．

　エング基礎学校（Ängskolan）の3年生の担任のテレース・シロウ（Therese Tjiro）も，1週間の授業時間数を守っていれば1日の時間割を変えるのは担任の自由と説明しています[4]．ただし，ランチの時間と体育，音楽は教室の関係で固定されているそうです．さらに，シロウは，各担任が1週間の時間数を守っているかどうかを確認する役割を担っていると話してくれました．

疑問

「そもそも時間割はいつからあるのだろう？」

「どこの国にも時間割は存在しているのだろうか？」

　石附実は，教育の近代化つまり能率化と組織化の時間的な表現の一つが時間割にほかならない[5] と説明しています．そして，西洋では1820年代から30年代にかけて，日本では1872年（明治5年）の「学制」以降に時間割が一般化

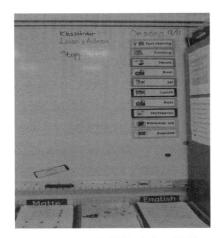

図 6-3　エング基礎学校 6 年生の時間割
（2022 年 11 月 9 日　筆者撮影）
＊教室の入り口に週の時間割が貼られていた．
その上で担任が柔軟にその日の時間割をホ
ワイトボードに掲示していた．

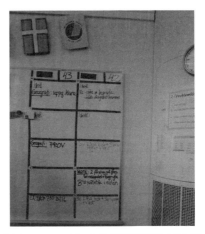

図 6-4　アールビック基礎学校高学年の社会科
の教室
（2013 年 10 月 16 日　筆者撮影）
＊ 2 週間分（42 週目，43 週目）の社会の予定

したといわれているのです．

　スウェーデンの基礎学校低学年（小学校 1 〜 3 年）の 1 クラスの人数は 20 名程度．授業は，教師がこどもたちの進度や学びの様子をみながら，一斉授業とグループ学習，個別学習を組み合わせながら行われています．繰り返しになりますが，その日の時間割は，ラーロプランに定められたミニマムを厳守さえすれば，担任がこどもたちの声を受けとめ，学びの様子を見定めながら柔軟に計画変更することが可能になっているのです．

　つまりは，こどもを見ながら，こどもに沿ったカリキュラム開発をするということです．

　消せる時間割と消せない時間割の差は，学習者からカリキュラムを考える自由裁量の差とも言い換えることができます．スウェーデンの 1 時限は，20 分から 80 分までと多様で，そこに規則性を見出すのは難しい[6]ことが先行研究で紹介されていますが，それは筆者の参与観察に基づく見解とも一致します．学校開始，休み時間の終了ベルはありますが，それ以外はベルに管理されることもありません．さらに，教室運営の主体としての教師の裁量と力量の違い，共通点も掘

り下げる必要があるでしょう.

　そして,「こどもの学びにとって,カリキュラム開発にとって時間割,学習計画はどうあるべきなのか」という本質的な問いは,教室に足を運び,日本とは異なる世界を体験し,面白いと思ったり,疑問に思ったことを解消していく中から生まれたものと言ってよいでしょう.

6.3.2　トイレの比較

　図 6-1 の時間割は,教育に関わる者たちでなければ,通り過ぎてしまう可能性があります.次に紹介する学校のトイレの違いは,一目瞭然です.2023 年現在,訪問した全ての学校のトイレは男女に分かれていません.誰でも使用可能な個室のトイレになっているのです.それに対して日本の学校は,階ごとに男女に分かれたトイレがあるのが一般的です.

　学校だけでなく,近年,街全体がジェンダーニュートラル化されています.北欧一のデパートも,重厚な歴史ある建物のトイレをユニセックスにしました.

　2016 年に市議会で,ジェンダーニュートラルトイレ事業を決定したルレオ市.そのルレオの社会民主労働党（Socialdemokraterna Luleå）の HBT

図 6-5　基礎学校 3 年生の教室横のジェンダーニュートラルトイレ

＊児童 24 人に対してトイレは 2 つ

（LGBT の意）の委員長（当時）エデンブリンク（Lena Edenbrink）のコメント[7] を以下に紹介します．

　例えば，あなたがレストラン，映画館，飛行機または公共の場所で男性トイレ，女性トイレのどちらを利用するかを迷ったことがありますか？　この質問は，あなたにとっては奇妙，または馬鹿げた質問であり，すべての人はどのトイレを使用するかわかっているだろうと答えるかもしれません．

　トランスジェンダーの人たちにとって，トイレの選択はあまり明白ではありません．トランスジェンダーの人がした選択は，周囲の人からは間違った選択だと思われることもあり，そのことによって苦い顔をされたり，暴力に遭遇する人もいます．

　性自認が女性のトランスジェンダーの人は，"女性" の表記のトイレに行きます．彼女は，女性であり，女性として扱われることを望んでいるからです．その選択を疑問視することは，彼女にとっては苦痛であり，取り返しのつかない傷跡を残すことにもなります．

　トランスであることがアイデンティティの若者は，さらに深刻です．トイレの選択によって，深刻な心理的結果をもたらすことがあるからです．そして，そのことは純粋に肉体的なことでもあります．学校のトイレに一日中行かないことを選択するトランスジェンダーの若者もいます．これは，心の痛みに加えて明らかに身体にとっても良くないことです．

　体操やスポーツの授業をパスするトランスジェンダーの若者もいます．彼らは，周囲の眼差しや，笑い声，冷やかしのために仲間とシャワーを浴びることができません．

　これらの若者の多くはいじめや排除の経験を語っていますが，結果として学業が低下することは滅多にありません．

　そして，ありがたいことにこの問題には解決策があります．単純なものと少し複雑なものの両方です．

　すべてのトイレをジェンダーニュートラルにするのはとても簡単です．"女性" と "男性" のシートを剥がして，その代わりに "WC" または "トイレ" とすることは，世界中で最も簡単にできることです．学校の体育館やスポーツ施設に施錠可能な独立したシャワーエリアを建設することはそれほど簡単ではありませんが，新たに建設するのは当然のことです．（後略）

　当時，社会民主労働党は第1党[8] でしたが，このメッセージを読むとスウェーデンもトランスジェンダーの人たちが性自認に従って生きられるよう，その尊厳を守るために環境整備を進めているプロセスにあったこと（あること）がわかります．2016年10月11日のスウェーデンテレビは，スウェーデン北部のルレオ市が市議会でジェンダーニュートラルトイレ事業を決定したこと，そしてそれによる市民の声を報道しました．高齢の男性は「自治体は裕福でない老人にもっとお金をかけるべき」，またある老父婦は「男女共通のトイレだと男性が女性のお尻を触るかもしれないし，ルレオの共同トイレでレイプされるかもしれない」と発言していました．それに対して学生が「なぜ，大騒ぎする必要があるの．大騒ぎするほどのことではないでしょう．全く理解できない．私たちの学校はすでに共同のトイレ（ジェンダーニュートラルトイレ）で全く問題は起きていないわ」と答えていました．

　スウェーデンと約7年の時差があるものの，日本の性の多様性を尊重するための議論は，『LGBTQ理解増進法』（2023年6月16日参議院通過）制定のプロセスにおいても活性化しました．程度の差こそあれLGBTQの人への偏見，差別的な発言はどちらの国にもあることが露呈されています．

　また，2017年にアメリカのオレゴン／ダラス学区では，トランスジェンダーの生徒が自らの性自認に基づいてトイレを利用することに反対する親たちが訴訟を起こしました．2020年12月7日に，アメリカ連邦最高裁は，性自認に基づいてトイレを利用することを反対する親たちの訴えを棄却し，性自認に基づいてトイレを使用する権利を支持しています．

　2019年に日本の経産省で働くトランスジェンダーの女性職員が起こしたトイレ利用制限の裁判で，その女性職員が勝訴したことも，記憶に新しいのではないでしょうか．

　今やジェンダーニュートラルトイレは，北欧では珍しくありません．北欧以外の他国ではどうなのでしょう．トイレを男女という対立概念から自由にし，ジェンダーニュートラルにすれば性的マイノリティーの人たちだけでなく，一人でトイレに行くことができない人とその同伴者の利便性も高まります．

　私が"トイレ"の比較で論文を書くとしたら，ジェンダーニュートラル派で論を展開します．なぜなら，教育学者のアップルやビーン（2014）が主張してい

るように，民主主義的学校の中心にある価値や原理原則の一つに「諸個人および
マイノリティの尊厳と権利を守ることに注意を払うこと」[9] があると考えている
からです．マイノリティとされる人の権利を守ることに注意を払う，それが私の
研究の立場です．このように，人文社会領域の研究には "（研究者の）立場" が
関わってくることも記憶に留めておいてください．

"男女別トイレ"，"ジェンダーニュートラルトイレ" の比較研究は面白いし，
有意義なものになると確信します．なぜなら，その国のバリアフリーやLGBTQ
をはじめとするマイノリティーの権利，多様性の尊重への姿勢が見えてくるに違
いないからです．

沖原豊は，学校清掃の比較で博士論文を完成させています．詳しくは沖原豊
（1978）『学校清掃：その人間形成的役割』を手に取ってほしいと思います．身
近にあるモノ，コトがテーマになるのです．

トイレのことを考えていたら，以前購入した舞台芸術家の妹尾河童（1996）
『河童が覗いたトイレまんだら』[10] を思い出しました．参考文献として位置付け
ることができるかもしれません．90年代には考えてもいなかったイシューです
が，多様性を巡って今日的なテーマです．そもそも自宅のトイレのほとんどが
ジェンダーニュートラルなわけですから，家のトイレと同じと考えればよいだけ
ではないかと思うのですが，現実はそう簡単ではなさそうです．だからこそ，問
い続ける，訴え続ける意義があると考えます．

6.3.3 ゆとり

スウェーデンの学校を訪問するたびに訪れる場所が職員室．日本のそれとは
大きく異なる雰囲気であることは誰も否定しないでしょう．日本の職員室は管理
職の机が前にあって，学年ごとのグループになっています．先生たちは毎朝，そ
こに集合します．スウェーデンの基礎学校（低・中学年）では教室に先生の机
があるので，先生は自分の教室に直行するのが常です．基礎学校（高学年）段
階になると生徒が教科担任の教室へと移動します．先生たちには，教材研究や
仕事をする部屋が別にあります．そして，スウェーデンには校種に関わらずお茶
（FIKA）をしたり，お弁当を食べたり，新聞を読んだり，歓談をしたりするた
めに集まる職員室があります．FIKA は，先生に限らずスウェーデンの文化であ

図 6-6　基礎学校（高学年：中学校）の職員室
（2023 年 10 月 2 日　筆者撮影）

り，すべての労働者の権利と言ってもよいでしょう．日本に比べてゆとりがあります．

　ゆとりといえば，OECD の調査『教員環境の国際比較：OECD 国際教員指導環境調査（TALIS）2018』[11] で，日本の中学校の教員の 1 週間の労働時間は 56.6 時間と 48 加盟国の中で最長となっていることが注目されました．一方で，2021 年に全日本教員組合が行った調査では，日本の教員の週あたりの平均労働時間は 62 時間 56 分となっています．学校内での週労働時間は 56 時間 57 分でしたが，自宅で 6 時間 19 分学校の仕事をしていたことが判明したのです．加えて，日本の中学校の教員は，月に平均 120 時間 12 分時間外勤務をしていることも明らかとなりました．

　ちなみに，2018 年の OECD 調査で，スウェーデンの中学校教員の週の仕事時間は 42.3 時間となっています．さらに，日本の中学校の先生は，課外活動（スポーツ，文化活動）に費やす時間が週 7.5 時間であったのに対して，スウェーデンの中学校の先生は 0.4 時間でした．日本のような放課後の部活はなく，それらは地域社会が担っていることが大きな違いとなっています．文部科学省は部活指導員を職員として採用することで，先生の働き過ぎを解消しようとし

ています．ただし，部活に担当教員を配置して部活指導員と連携して指導にあたることになっていますので，実際に労働が軽減されているのかどうか，その実態を明らかにする必要があるでしょう．"部活の比較研究"も面白そうです．スウェーデンでは，運動会や学芸会など，日曜日に行う行事はありません．学校行事のあり方にも差異があります．やりたいこと，面白そうなことがどんどん増えてきます．

　教員の労働時間の国際比較は OECD の調査に敵いませんが，教員の労働の質的研究，日本の教師とスウェーデンの教師の一日の質的比較研究はできそうです．

6.4　教育学における旅とは ― 比較という行為 ―

6.4.1　脱"当たり前" ― 他者を受け入れ，出会う―

　紹介してきた事例から，まず比較ありきというよりは，旅先での気づき，面白いと思ったことを通して，日本との違い，比較という行為が始まることが多いのがわかると思います．日本と違うという気づきから，探究，比較が始まると言ってもよいでしょう．日本の物差しで考え，理解しようとすると事実（本来の姿）から離れることがあります．こちらの当たり前やあるべき論が，他国では当たり前ではないからです．こちらの理屈では収まらないし，無理に収めようとして事実を歪めたり，大切なことを削ぎ落としてしまうことがあることを忘れてはなりません．研究者の柔軟性と寛容性が求められると言っても過言ではありません．

　例えば，スウェーデンの国レベルのカリキュラムである"ラーロプラン"（Läroplan）は，しばしば"（日本でいうところの）学習指導要領"と訳されているのですが，私はあえて"ラーロプラン"としました．スウェーデンの"ラーロプラン"を日本に当てはめて考えると"学習指導要領"になるのですが，両者の比較を通して、その違いに気づかされたからです．

　具体例には，大きく次の6点を挙げることができます[12]．

① 日本の学習指導要領の改定の所轄は文部科学省ではあるが，スウェーデンは国会発議であり，国会で議決されること．

② ラーロプランの総則部分は，日本の教育基本法第1章「教育の目的及び理念」に相当する内容に近いこと．

③ 学習指導要領は教育課程編成の基準にウェイトが置かれているのに対して，ラーロプランは学校教育の基本的理念（原則）と目標と指針にウェイトが置かれていること．

④ ラーロプランは調査報告者に基づき，合意形成を重視した目的共有型のシステムとプロセスによって改訂されること．

⑤ ラーロプランに示されているミニマムを取り上げてさえいれば，それ以外については，学校や教師の裁量に委ねられていること．

⑥ 日本は学習指導要領が改訂されるごとに，教科書検定が行われ，教科書が改訂される．スウェーデンは日本のような教科書検定はなく，ラーロプランの改訂が必ずしも教科書の改訂にはならないこと．

　このように，スウェーデンの教育用語が指し示す内容，範囲を検討し，その共通性と差異を整理することが比較研究の前提となります．先にも述べましたが，日本の学習指導要領の定義に基づいてスウェーデンのラーロプランを見ようとする，"演繹的"な思考でフィールドの事象を捉えようとすると，見誤ることがあるのです．

　"演繹"という言葉を初めて耳にする人もいるかもしれません．

　"演繹"とは法則や定義，理論を基にして，物事や事象を捉えようとする，結果を導き出そうとすることです．それに対して"帰納"は，物事や事象から法則や定義，理論を導き出そうとするもので，この場合の私のアプローチは"演繹"というよりはむしろ，"帰納"に近いのでしょう．

　繰り返し強調しますが，無理に枠組みに当てはめて結論づけようとしない，自分の当たり前を捨てて理解するよう心がけることは，真実を見逃さないためにも重要なのです．

6.4.2　比較研究の始まり — エピソード，事例の研究 —

そもそも，比較教育学研究というのはいつから，誰によって始められたのでしょう？

比較教育学の歴史は，フランスの教育思想家で比較教育の祖と言われるマルク・アントワーヌ・ジュリアン（Marc Antoine Jullien, 1775 〜 1848）に始まります．ジュリアンの時代は，戦争の影響でヨーロッパ各国では十分な教育が行われていませんでした．ジュリアンは，各国の教育の現状の比較表を作成し，それを比較・検討することを通して教育の改善の示唆を得ようとしたのです．ジュリアン（1817）『比較教育に関する著作の草案と予備的見解』は日本語訳も出版 [13] されています．日本では，岩倉具視らが 1871 年 11 月 〜 1872 年 8 月にかけて，アメリカ，フランス，イギリスなど計 12 カ国を旅しました．他国の教育，教育制度を参考にして自国の改善のヒントを得ることを意図していたわけで，比較教育学者の長島啓記は岩倉の時代を教育借用の時代と分類し，「現在は『借用』とまではいかないが，多様な観点から知識や情報を得ようとしている」と説明 [14] しています．日本の比較教育学会は 1965 年に発足しているのですが，比較教育学研究のスタイルは多様です．世界の教育を広く比較するスタイルがあれば，今回のように，学校や教室の出来事から出発する，実践から考えるスタイルもあります．もちろん，学校や教室の事実を理解しようとするために，世界の教育と動向に目を向け，その文脈での検討も視野に入ります．これまで，事例，事実からスタートする研究は，理論研究，エビデンスベース（evidence-based）の研究に比べて低くみられがちでした．しかしながら，ナラティブベース（narrative-based）の研究，すなわち人の語りや物語に基づくアプローチが注目，評価されています．そもそも，エビデンスベースかナラティブベースかというような，アプローチに優劣をつける狭い話ではありません．それぞれのアプローチの長所と限界を知り，相互補完的に研究を進めていくことが比較研究を進展させていくことになるでしょう．

東南アジア地域の教育の比較研究者である西野節男も，人文社会科学の分野では事例研究が理論研究に比して低くみられがちであると指摘し，その上で一般化・理論化への圧力が逆に比較教育学を脆弱なものにしてきたのではないかと問題提起をしています．西野の言葉を以下に引用します．

　　特定の理論的枠組みに基づく記述は確かに，書き手にも読み手にも一定の明晰
　さを保証するが，それは他方で特定の理論では語りえない事実を捨象するという
　代価を追ってきているのではないか．（中略）自然科学の実験とは異なり，法則性
　を求めるのではなく，一般的な傾向から外れるものを誤差，偏差として除外して
　処理するのではなく，そのズレ，逸脱にこそ焦点をあてるべきではないか．違っ
　ていることこそ相互参照の可能性をもたらす．支配的なイデオロギーで物事をみ
　て，一般化して差異を見えなくしてしまうべきではない．現時点で比較教育学の
　研究において記述スタイルのものが多いことは，歓迎すべきであると思う[15]．

　"還元主義"，すなわち結果は原因より生じるという因果関係で説明できるとい
う考え方では，必ずしも学校や教室での出来事は捉えきれない，それが自然科学
の領域と異なる点と言ってよいでしょう．
　再び，西野を引用します．

　　差異にセンシティブな内容を包含するなら，ギアーツが唱えるような『差異に
　よる相互参照性』へと可能性を開くものである．逆に『差異による相互参照性』
　という点から考えると，地域研究において求められるのは，対象地域とテーマ設
　定の妙なのではないか．（傍線筆者）[16]

　次に，西野が言う地域研究に求められる"対象領域とテーマ設定の妙"につい
て，筆者の場合を以下に紹介します．

6.4.3　なぜスウェーデンだったのか？

　筆者の研究対象地域はスウェーデン，テーマは義務教育における"共生"の
カリキュラムです．では，なぜスウェーデンに注目したのか，その理由として3
点[17]挙げたいと思います．
　第1に，いち早く（1960年代から）"共生"のカリキュラムを実現してきた
国だからです．スウェーデンは，1962年に現在の義務教育学校成立時から"共
生"の内容を国レベルのカリキュラムであるラーロプランに位置づけており，時
代の要請に呼応しながら質量ともに充実させてきた国なのです．
　第2に，スウェーデンが，福祉社会を目指し「予防志向の国」[18]として教育
に力を入れてきた国だからです．これまで日本が影響を受け，研究してきたアメ

リカとは対象的な側面を有していることにあります．アメリカが1980年以降の新自由主義経済志向（Neoliberalism）に基づく構造改革を進めているのに対して，スウェーデンは財政民主主義と住民政治に基づく改革を進めていました．アメリカは市場原理を貫いているのに対して，スウェーデンは「社会的平等」を目指し，公共の負担による社会制度の拡大・整備による，福祉国家の基礎の上に教育制度を確立しています．スウェーデンにも新自由主義の風が吹いていると言われていることは承知していますが，その中で抗うスウェーデンの葛藤は日本への示唆となると考えています．スウェーデンという地域を選択することは，競争原理の教育を再考し，"共生" のカリキュラムを問う上で意義があると考えたのです．

　第3に，スウェーデンが "共生" の内容を教科横断型カリキュラムとして実現していることを挙げたいと思います．日本で学際的な "共生" の内容を実現しようとすると，どの教科で何時間取り上げるのかという議論に陥りがちですが，スウェーデンは複数教科を取り上げることで，教科の間をつなぎ，"共生" の教育内容を浸透させようとしているのです．言い換えるなら，既存の枠に収まらない内容をどのようにカリキュラム化するのかという問いと，その解に迫る論点が内包されていると考えたからです．

‖6.5　終りに — 再び比較を問う —

　ここまで読み進めてきて，みなさんの「比較」に対するイメージは変わったでしょうか，変わらないでしょうか．変わったのだとしたらどのように変わったのかを言語化してみてください．
　さらに，比較することの意義，研究における「比較」という行為をどのように考えましたか？　話し合ってみてください．

　筆者は，"比較" は不確実で複雑な学校，教室の課題を解決するための示唆や希望を引き寄せる行為，未来に向かうことだとも考えています．
　何と言っても，他国の扉を叩き，そこで出会う "コト" や "対話" は触発的で

楽しい，それが研究の原動力となっています.

註

1) このテーマは，筆者の以下の書籍でも紹介しており，本稿はそれらに基づいて執筆している.

①戸野塚厚子『スウェーデンの義務教育における「共生」のカリキュラム―"Samlevnad"の理念と展開―』明石書店，2014，pp.47-48.

②戸野塚厚子「日本とスウェーデンの往還，そしてその向こう側―教育学における旅―」『〈往還〉の諸相』翰林書房，2021，pp.158-161.

2) 二宮皓『海外教科書調査制度研究報告書』刊行報告，教科書研究センター通信，2020，No.120，p.3. スウェーデンの教科書は一般の本屋でも購入できるため，任意で購入することが可能である.

3) 2021年9月8日にストックホルム在住のリンデル佐藤良子氏に実施したZOOMでの聞き取り調査.

4) 2022年11月9日ストックホルムのエング基礎学校（Ängskolan）の3年生の担任のシロウ（Tjiro Therese）に実施した聞き取り調査より.

5) 石附実『教育における比較と旅』東信堂，2005，pp.18-19.

6) このことについては川上邦夫も訪問した学校を例に「1時間の長さについては，コミューンあるいは学校毎によってことなると思われる．レークサンドの学校では全くまちまちで，20分から80分の幅で何種類もある．またクラスによって始業・終業の時間が異なっている．そこに規則性を見出すことが困難という実態です」と説明している.

Lindquist, Arne och Wester Jan (1991). Ditt eget s*amhälle SAMS2* Almqvist & Wiksell アーネ・リンドクウィスト，ヤン・ウェステル（川上邦夫訳）『あなた自身の社会―スウェーデンの中学教科書―』新評論，1997,p.201.

7) Lena Edenbrink (2019). *Vilken toalett väljer du?* Socialdemokraterna Luleå HP

8) スウェーデンで2022年9月に行われた選挙で中道左派政権が中道右派に僅差でやぶれた．10月17日の議会で，中道右派・穏健党のクリステンション（Ulf.Kristersson）氏が新たな党首となった．中道左派から8年ぶりの交代となった．ただし，ストックホルム市議会は社会民主労働党が政権をとった.

9) マイケル・W・アップル，ジェームス・A・ビーン編（澤田稔訳）『デモクラティック・スクール―力のある教育とは何か―（第2版）』上智大学出版部，2013，p.16.

10) 妹尾河童『河童が覗いたトイレまんだら』文藝春秋，1996.

11) 国立教育政策研究所『教員の国際比較：OECD国際教員指導調査（TALIS）2018』ぎょうせい，2019，pp.11-15.

TALIS (Teaching and Learning International Survey) は2008年（第1回），2013年（第2回），2018年（第3回）の調査が行われている．日本は2回目からの参加であるが，その時から中学校の教員のオーバーワークが問題になっている．2018年の48参加国の中学校教員の仕事時間の平均は38.3時間である．各国の中学校教員の週の仕事時間を一部抜粋すると，ジョージア25.3時間，サウジアラビア28.7時間，イタリア30.0時間，フィンランド33時間．韓国34.0時間，フランス37.3時間，ブラジル38.5時間，ノルウェー39.9時間，ロシア42.6時間，オーストラリア44.8時間，上海（中国）45.3時間，シンガポール45.3時間，アメリカ46.2時間，イングランド（イギリス）45.9

時間となっている.

12) 前掲書 1) pp.30-32.

13) ドミニック・グルー, ルイ・ポルシェ (園山大祐ほか監訳) 『比較教育』文教大学出版事業部, 2011.

14) 長島啓記『基礎から学ぶ比較教育学 (早稲田教育叢書 34)』学文社, 2014, pp.5-7.

15) 西野節男「国際教育開発と比較教育学研究の可能性」『比較教育学研究 42』, 2011, p.13.

16) 同上論文, p.136.

17) 前掲書 1) pp.10-11.

18) 小沢徳太郎「予防志向の国と治療志向の国」福祉文化学会編『スウェーデンから何を学ぶのか』ドメス出版, 1994, pp.77-78.

読書案内

❶ アストリッド・リンドグレーン, 菱木晃子訳『長くつ下のピッピ』岩波書店 2018
リンドグレーンは, スウェーデンを代表する児童文学者. 中でも『長くつ下のピッピ』は, 日本でも広く知られている作品. リンドグレーンの描くこどもの姿は, 北欧のこども, 学校, 大人とこどもの関係をイメージする上でも貴重な一冊となるでしょう. ちなみに, スウェーデンの 20 クローネのお札にはリンドグレーンとピッピが書かれています.

❷ エレン・ケイ, 小野寺信・小野寺百合子訳『児童の世紀』冨山房 1979
エレン・ケイ (Ellen Karolina Sofia Key, 1849-1926) は, スウェーデンの社会思想家, 教育学者, そして女性運動家です. 1900 年に出版された『児童の世紀』(Barnels ârhundrade) は, 教師主導や権威主義と対極にある児童中心主義の教育が唱えられています. 『児童の世紀』は英語, ドイツ語版, フランス語, 日本語に翻訳されており, 教育学に多大なる影響を与えた本です.

❸ 長島啓記『基礎から学ぶ比較教育学 (早稲田教育叢書 34)』学文社 2014
比較教育学研究者の長島氏が手がけたテキスト. 比較教育学についてわかりやすく説明した後, 「大学入試」「いじめ」「インクルーシヴ教育」等, イシューに基づいた比較研究を紹介しています. 理論から具体, 具体から理論と考えながら読み進めることができます. 研究の着眼点のヒントを得ることができる一冊です.

無から有は生まれない！

このテキストを読んでいるみなさんの中には，「自分は問いを見つけられるのだろうか？」「そんなこと言われても無理」と思っている人がいるのではないでしょうか？

私は大学院生時代に，研究室に行かない，ゼミにも出ないで学生寮で寝ていた時期がありました．論文のテーマが決められず悶々としていたのですが，現実逃避でひたすら寝ていたのです．

目がさめると不安になるので，それを忘れたくてまた寝るということを繰り返していました．そして，あるところから，先輩たちの訪問を受けるようになりました．先生から渡されたという，私の好物のコーヒーアイスを持参してくるのですから，扉を開けないわけにはいきません．（先生が）どうしているのかが心配で先輩を送り込んでくださっていたようです．小学校を休んだこどもに，近所のクラスメートが給食のパンを届けますが，それに少し似ています．

寝ていてもどうにもならないし，先生にこれ以上心配もかけられないと思って，院生室に行きました．

その時に先生から言われたのが「無から有は生まれない」と言うことです．

その日以降，私は午前の決まった時間に気持ちを上げる BGM を流して先行研究を検討する，基礎文献を読む，国会図書館に行って資料を探すなど，行動に移しました．そうすると不思議と気持ちが安定しました．知識が増えていくに従って，やりたいこと，やるべきことも絞られていきました．今日もここまで進んだというのが可視化されて，やる気にもつながっていったのです．

地道な作業の中から，やがて芽が生まれ，研究が始まっていくのです．その芽の成長に合わせて，自身の研究の苦悩が喜びと希望へと転化し始めます．

考えてみると，不安はネガティブなものではありません．「こうなりたい，こうしたい」という目的があるから「そうならなかったら，できなかったら」という感情が芽生えてくるのですから．

私は，コーヒーアイスを買ってくださった先生，様子を見にきてくれた先輩に今でも感謝しています．研究は孤独な作業のようですが，決して一人ではないのです．

「みんな悩んでいる，その苦悩を抱えながら他者と共に学びを継続していく」まずは，閉じこもっていないで外の空気を吸うこと．先行研究を探してみる，興味のあるところに行ってみる，行動してみることから始めてみませんか？

第7章

ブルターニュはフランスではないのか？

― 地方から見る "もう1つのフランス" ―

今林 直樹

‖7.1 はじめに

　中学生の頃のことです．インカ帝国を取り上げたテレビ番組を観て，南米の古代文明に憧れました．とくに好きだったのは帝国の首都だったマチュ・ピチュです．マチュ・ピチュはアンデス山脈の標高 2450m の尾根にあり "空中都市" とも呼ばれています．それからというもの，昼休みになると学校の図書館でインカ帝国やマヤ文明に関する写真集を眺め，旅行記などを読むようになりました．そして，"どうしたらインカやマヤの遺跡を見ることができるか" をいろいろと考えていた時，"そうだ！　ツアーコンダクターになって給料をもらいながらマチュ・ピチュに行けばいいんだ！" と気づいたのです．

　私はどうやってその夢を実現させるかを考えました．外国を案内するツアーコンダクターだから外国語をしっかりと勉強しなければならない．調べてみると，外国語大学がある．

　でも何語を学べばいいんだろう．さらに調べると，マチュ・ピチュがあるペルーはスペイン語圏である！　これで私の夢の実現のための道筋が決まりました．"外国語大学のスペイン語学科に入り，卒業後は旅行会社に就職してスペイン語圏を案内するツアーコンダクターになる"．早速，書店で NHK ラジオ『スペイン語講座』のテキストを買い求めて，夢の実現に向けた第一歩としてスペイン語を勉強し始めたのでした．

　松田聖子の曲に「花一色〜野菊のささやき〜」（作詞・松本隆／作曲・財津和夫）があります．聖子が初主演を務めた作品が伊藤左千夫原作の『野菊の墓』で

す．「花一色」はその主題歌なのですが，その歌詞に「人の夢とペンで書けば儚いって読むのですね」というフレーズがあります．残念ながら私の夢は儚く消えました．しかし，『スペイン語講座』のテキストは今も大切にとってあります．そのページを開くと，インカやマヤ，そしてスペイン語のリズミカルな響きに夢中になっていた青春時代の一コマが鮮やかによみがえってくるのです．

とはいえ，どうやら私は根っからの旅好きだったようです．松尾芭蕉の『奥の細道』を片手に宮城県の松島から山形県の山寺をまわったことは忘れられない思い出です．汗をかきかき登った山寺の中腹で初めて名物の玉こんにゃくを食べ，その味が疲れた身体に染み込んで生き返るような思いがしたことを今でも覚えています．その後，宮城県の仙台に職を得て今に至っていることを考えれば，"縁とは不思議なものだ"とあらためて思います．

長々と自分自身のことを書き連ねてきました．"探究は問いから始まる"が本書の重要なスタンスですが，問いを立てるためには何らかの"気づき"が必要だと思っています．問いは自然に湧いてくるものではなく，天から降ってくるものでもありません．中学生の頃の私の"気づき"は，今から思えば未熟で単純なものでしたが，そこから自分自身の夢の実現に向けた"探究"が始まったともいえます．その後，"気づき"の出発点になったのは旅でした．本章では私がフランスのブルターニュ地方を旅した時のエピソードから，本章のテーマについて探究を進めていきたいと思います．

7.2　ブルターニュはフランスではないのか？
― 歴史からの検証 ―

7.2.1　レンヌでの体験

ブルターニュ地方のレンヌを訪れた時のことです．ブルターニュはフランスの西北部に位置する半島部を成す地域で，パリからフランスの新幹線であるTGVに乗って4時間ほどで玄関口であるレンヌに到着します．レンヌは仙台市の国際姉妹都市にもなっています．

レンヌにはCoop Breizhという，ブルターニュ関連の出版物を取り扱っている専門店があります．Coop Breizhで書棚に並んだ書籍を眺めていたとこ

ろ，女性店員が"何をお探しですか"と話しかけてきました．そこで，ブルターニュの歴史に関する書籍を探していると伝えたところ，その店員は書棚を指さして"ここからこちらは買ってもいいけど，ここからあちらは買ってはいけない．でも，買いたいなら御自由にどうぞ"と言ったのです．予想外の返答に戸惑いつつ理由を尋ねると，"こちらはブルターニュ人が書いたものだから買ってもいい．でも，あちらはフランス人が書いたものだから買ってはいけない"とのことでした．

　私は店内にブルターニュの地図が掛かっているのに気づきました．そこには大きく"Breizh"と書かれています．思えば，店名にも"Breizh"とあります．かの店員に"Breizhとは何か"と尋ねたところ，"Breizhはケルト語系のブレイス語によるブルターニュの自称で，フランス語で言うBretagneのこと"と説明してくれました．そして，ブレイス語の辞典と文法書を出してきて，"この辞典にはブレイス語の単語のすべてが収録されている""この文法書は最新のものでブレイス語の学習には最適である"と教えてくれました．

　私は彼女が薦める辞典，文法書と数冊の歴史書を買ってCoop Breizhを後にしました．

　さて，あらためて彼女の話を思い出しながら 2 つのことに気づきました． 1 つは，彼女がフランス人とブルターニュ人を区別していることです．ブルターニュはフランスの一地方ですから，ブルターニュ人もフランス人であるはずですが，彼女の言い方からすればブルターニュ人はフランス人ではないことになります．しかも，彼女の口ぶりからそこには両者の対立が絡んでいるように思えました．もう 1 つは，フランスが多言語国家であるということです．どうも私たちには"フランスはフランス語を唯一の言語とする国"という思い込みがあるようです．しかし，ブレイス語はフランス語と異なる言語ということなので，"フランスはフランス語だけの国"とはいえなくなります[1]．

　この 2 つの気づきから浮かんだ問いは"ブルターニュはフランスではないのか？"というものでした．以下，歴史・言語・文化の視点から検証していきたいと思います．

7.2.2　ブルターニュの歴史について調べてみよう

　そもそも，事の発端は私が“ブルターニュの歴史を学びたい”と言ったことです．そうであれば，私の問いにはブルターニュの歴史が深く関わっていると考えられます．そして，私はレンヌの町を歩きながら，ある歴史上の人物の存在に気づきました．それはアンヌ・ド・ブルターニュという女性です．町にはアンヌの名前を冠したホテルがあり，彼女の肖像画も描かれています．また“ブルターニュ女公アンヌ”という名前の通りもありました．ひょっとすると，アンヌを調べれば何かヒントが得られるかもしれないと考えました．

　まずは文献探しです．調べてみると，フランス語の文献に加えて，フランス政治史の中木康夫，フランス文学の田辺保，同じくフランス文学の篠沢秀夫といった大家がブルターニュに関心を寄せ，実際にブルターニュ各地を訪ね，膨大な文献を渉猟してブルターニュの歴史と文化に関する著作を著していることがわかりました[2]．

　これらを緝（ひもと）いてわかったことは次の2点です．

　第1に，かつてブルターニュは，最初は王国として，次いで公国として，封建制度の下ではありますが，独立した国家だったということです．しかし，百年戦争の後，攻勢を強めたフランスの前に勢力を後退させたブルターニュは，1532年，フランソワ1世の治下にフランスに併合されます．

　第2に，フランスの脅威を受けて存亡の危機にあったブルターニュを守るために生涯をかけてフランスと対等にわたりあったのがアンヌだったということです．アンヌはブルターニュ併合を目論（もくろ）むフランスの前に2度までも王妃となりながらブルターニュ公の地位を手放さず，公国の独立を維持しようとします．しかし，その願いは叶うことなく，1514年，37年の短い生涯を終えます．アンヌは死に臨んで，自身の死後に心臓を取り出して生まれ故郷のナントに戻してほしいと遺言しました．アンヌは死してなおブルターニュとともにあることを願ったのです．

7.2.3　ブルターニュの歴史から見えてくるもの

　では，この2点から“ブルターニュはフランスではない”といえるでしょうか．フランスでは“なかった”とはいえそうです．封建時代のこととはいえ，ブ

ルターニュが独立した，フランスとは別個の国家であったとはいえるでしょう．しかし，Coop Breizh の店員は，“現在”のこととして“ブルターニュはフランスではない”と言っているのです．

　そこには“歴史的記憶の継承”があるのではないかと考えました．当時，歴史学では，フランスのピエール・ノラの『記憶の場』に代表される“記憶の歴史学”が盛んになっていました [3]．本来の歴史は文字化された史料に基づいて再構成されますが，歴史の記憶は文字化されずとも口頭伝承という形で継承されるとともに，黙して語らないはずの像や碑，建造物からも記憶が引き出されて継承されていくのです．今日，オーラル・ヒストリーと呼ばれる手法も注目されています．

　アンヌは次の 2 つの点で，ブルターニュの象徴になったのではないかと考えられます．1 つは“歴史的ブルターニュの象徴”です．ここでいう“歴史的ブルターニュ”とは公国時代のブルターニュを意味します．それは独立したブルターニュでした．もう 1 つは“フランスへの抵抗の象徴”です．アンヌはブルターニュの独立を維持するために，王妃となりながらも公爵の地位を手放しませんでした．圧倒的に不利な状況の中，ブルターニュを併合しようとするフランスに正面から抵抗したのです．

　つまり，アンヌはブルターニュの独立とフランスへの抵抗の象徴として記憶化され，その記憶がブルターニュの人びとに受け継がれて今に生きているのではないかということです．

　この記憶は，ロワール川流域に位置するランジェ城や，アンヌの生誕地ナントにあるブルターニュ公城で可視化されています．ランジェ城は，アンヌが王太子シャルルと婚姻の儀を執り行った城です．そこにはアンヌとともに，シャルルとその姉アンヌ・ド・ボージュー，そして国王ルイ 11 世の人形が設置され，アンヌとシャルルの結婚がブルターニュ併合の布石であったことを物語っています．

　また，ナントにあるアンヌ像は，ナントを中心とするロワール・アトランティック県が，現在，行政区分上，ブルターニュ地域圏から切り離されていることから，同地域圏への編入を求めて展開している“ブルターニュ再統一”運動の象徴として設置されました．2001 年，ナントが県庁所在地となっているロワール・アトランティック県の県議会が同県のブルターニュ地域圏への編入要求を可

決しました．それを受けてブルターニュ地域圏議会はその要求を受け入れています．しかし，今なおブルターニュ再統一は実現していません．ナントにあるアンヌの像はそこが歴史的にブルターニュであることを示すとともに，編入要求を受け入れようとしないフランスへの抵抗の象徴となっていると解釈できます．

　以上のことから，"ブルターニュはフランスではない"とは言い切れないものの，①フランスとは一線を画す"抵抗の意識"を歴史的に形成してきた，②その意識はアンヌを象徴として記憶化され今に継承されている，③その意識の言語化が"ブルターニュ人"という表現になっている，と考えます．

7.3　ブルターニュはフランスではないのか？
― 言語からの検証 ―

7.3.1　ブレイス語について調べてみよう

　もう１つの気づきは"フランスにはフランス語以外の言語がある"ということでした．"Breizh"というのはブレイス語によるブルターニュの自称表現でした．そうなると，ブレイス語とはどのような言語なのかが気になってきます．それを調べることが"ブルターニュはフランスではないのか？"という問いに対する答えに導いてくれるかもしれません．

　私は，2005 年 4 月から 1 年間，在外研究の機会を得て，レンヌのレンヌ第 2 大学で客員研究員を務めることになりました．これはよい機会だということで，レンヌにあるブレイス語の語学学校 Skol an Emsav で講習を受けることにしたのです．講習ではブレイス語の会話を中心に，時制や音韻変化などの文法事項も学習しました．講習を通じてわかったことは，ブレイス語はフランス語とは語彙などに共通性がない言語だということです．例えば，日本語の挨拶である"こんにちは"はフランス語で"Bonjour"ですが，ブレイス語では"Demat"となります．同様に，"こんばんは"は"Bonsoir"に対して"Nozvat"，"さようなら"は"Au revoir"に対して"Kenavo"となります．フランス語が属するガロ・ロマンス語系の言語とブレイス語が属するケルト語系の言語ではこれほどまでに異なるのです．

　しかし，このような使用言語の相違が"ブルターニュはフランスではない"と

までいえるでしょうか．そもそも言語はそれを用いる人びとがいて成立するものだから，生活の場である社会の中に言語を置いて考えてみればよいのではないかと考えます．つまり，社会言語学からのアプローチです．そこで，受講している皆さんに受講の理由を尋ねてみました．すると，ブレイス語しか話さない祖母と会話するためとか，個人的に興味があるとかさまざまでしたが，共通していたことは "自分たちの先祖が用いてきた大切な言語だから" というものでした．つまり，ブレイス語はブルターニュのアイデンティティと深く結びついていることがわかったのです．

7.3.2　歴史の中のブレイス語

　授業の中でブレイス語を用いたゲームをした時のことです．負けた受講生は罰として歌を歌うことになりました．私が負けた時，講師や受講生たちから日本の歌を歌ってほしいと要望されたので，日本語で『ふるさと』を歌いました．その後，20 代の若い受講生が負け，フランス国歌の『ラ・マルセイエーズ』を歌い始めました．すると，講師が "なぜ，ブルターニュで『ラ・マルセイエーズ』を歌うのか" と怒り出したのです．その若者は歌うのを止め，照れ隠しなのか笑っていました．

　Skol an Emsav の講師は，なぜ『ラ・マルセイエーズ』を歌った受講生に怒りを覚えたのでしょうか．言うまでもなく，『ラ・マルセイエーズ』はフランスの国歌です．その起源はフランス革命にあります．フランス革命はフランスが国民国家として歩み始める決定的な転換点となる政治変動でした．講師の反応からは『ラ・マルセイエーズ』への敵意が感じられましたが，それはフランス革命，あるいは革命以後の国民国家フランスへの敵意だったのではないでしょうか．そして，この "事件" はブレイス語の授業中に起きたこともあり，何らかの形でブレイス語と関係があるのではないかと考えました．

　さて，そうなると，フランス革命以後のフランスとブレイス語とがどういう関係にあったかを調べねばなりません．フランス革命は，1789 年から 10 年に及ぶ一大変動で，国王ルイ 16 世や王妃マリー・アントワネットといった人物，あるいは池田理代子原作の『ベルサイユのばら』で日本でも有名です．その間に王政から共和政への移行，恐怖政治の出現，対外戦争などがあり，ナポレオン

帝政に道を開いていきます．このように，フランス革命はフランスを越えてヨーロッパを揺り動かす激動の時代の幕開けとなりました．フランス革命は近代の扉を開いたともいわれます．

　では，ブレイス語との関係からフランス革命を見ると何が見えてくるでしょうか．調べてみると，フランス革命期にブレイス語を「迷妄の道具」とする演説があったことがわかりました．それは，バレールという名前の国民公会議員が1794年1月27日に行った「方言とフランス語の教育に関する報告と法案」と題するものです[4]．

　フランス革命は"自由・平等・友愛"を掲げました．バレールにとってフランス語は人間と市民の権利を初めて明確に確立した言語，自由という至上の思想と政治についての最も偉大な考察を世界に伝えうる責務を負った言語でした．しかし，当時のフランスにはいくつもの方言や地域語があり，革命の理想を伝える障害になっていました．バレールはブレイス語を「迷妄の道具」と呼び，ブレイス語であるゆえにブルターニュの人びとは無知の状態に置かれていると主張したのです．バレールは「市民諸君，自由な国民の言語は一つであり，全員にとって同じでなければならない」と主張します．そして，公教育を通じてフランス語教育を推し進め，ブレイス語をはじめとする地域語を撲滅しようと訴えたのです．つまり，フランス革命はブレイス語の価値を貶め，衰退から消滅へと向かわせるきっかけとなった社会変動だったのです．ここにフランスは単一言語国家への道を歩み始めることになります．

　さらに調べてみると，フランスの単一言語国家化は，19世紀末に始まる第3共和政期に本格的に進行したことがわかりました．現代における地域語復権運動の展開とともに，それを教えてくれたのがアンリ・ジオルダンの『虐げられた言語の復権』[5]です．同著によれば，ブルターニュ地方では小学校教育の場でブレイス語の使用が禁止されました．学校生活においてブレイス語を話した生徒は石や棒などの"罰札"を持たされ，次にブレイス語を話した生徒を見つけると罰札をその生徒に渡す，それを受け取った生徒はまた次にブレイス語を話した生徒を見つけて渡すといったことを繰り返し，その日の学校生活が終わる時にその罰札を持っている生徒が罰せられたのでした[6]．同著において，アルマン・ケラヴェルは，この制度により生徒たちの中にブレイス語に対する恥の意識が生まれ，ブ

ルターニュへの恥の意識につながり，地域住民に癒やしがたい傷を長きにわたって植えつけることになったと記しています．

　"ブルターニュはフランスではないのか？"という問いに戻ります．これまでに記してきたことで，①ブレイス語はフランス語とは系統が異なる，相互に共通性を持たない言語であること，②ブレイス語はブルターニュのアイデンティティと深く結びついていること，③フランスはフランス革命以降，単一言語国家化を推し進め，ブレイス語を衰退から消滅へと追いやろうとしたこと，がわかりました．なぜ，Skol an Emsav の講師が『ラ・マルセイエーズ』を歌った受講生に対して怒りをあらわにしたのか．それは以上のような理由で説明できそうです．あわせて，ブルターニュのアイデンティティはフランスとは異なるため，"ブルターニュはフランスではない"ことの説明として有効だとも考えられそうです．

7.4　ブルターニュはフランスではないのか？
― 文化からの検証 ―

7.4.1　ケルトについて調べてみよう

　さて，これまで検証作業を進めてきた中で，まだ検討していないものがあります．それは"ケルト"です．これまでブレイス語は"ケルト語系"であると確認してきましたが，そもそも"ケルト"とは何かが検討されていないことに気づきました．そこで，ケルト研究者の著作を繙いてみると，どうやら"ケルト"は，言語をはじめ，美術，工芸，音楽，楽器，舞踊，宗教などに固有の文化を持っていることがわかりました．"ケルト"とはある特定の文化的総体を示す言葉と考えられます．つまり，ケルト文化を持っている人間集団は"ケルト民族""ケルト人"ということになります．そうなると，ケルト語系のブレイス語を使用しているブルターニュの人びとは"ケルト民族"ということになります．

　しかし，ことはそう簡単なものではなく，ケルト研究者の疋田隆康によれば「じつは学界でもケルト人をどう捉えるかについて十分な合意があるわけではない」とのことで，中には「ケルト否定論」学説もあり，一定の説得力を持って受け入れられているようです[7]．

　そうなると，正面から"ケルト"と格闘することはなかなか難しそうですが，

調べてみると，ブルターニュ地方のロリアンという町で，年1回，8月に10日間の日程で "ケルト文化交流祭" というイヴェントがあることがわかりました．開催期間中は，じつに40万人ともいわれる観光客が訪れるとのことなので，これはぜひ観なくてはなりません．

　はたして，"ケルト" は "ブルターニュはフランスではないのか？" という私の問いに，答えを示してくれるでしょうか．

7.4.2　ブルターニュはフランスを越える！

　私が "ケルト文化交流祭" を観たのは2005年のことでした．このイヴェントはフランス語で "Le festival interceltique" といい，文字通りに解釈すれば "ケルト文化を共有する地域の人びととの間の文化交流祭" ということになります．このイヴェントには，"ケルト民族" に出自を持つ人びとはもちろん，歴史や文化，宗教など，何らかのケルト文化に関心を抱く人びとが世界中から集まってくるのです．開催期間中，会場ではケルトの音楽や舞踊が披露され，人びとはそれぞれがケルトを歌い，ケルトを踊り，熱くケルトを語ります．ロリアンでは1年のうちこの10日間だけは昼夜を分かたず，町全体が "ケルトの空間" になるのです[8]．

　このイヴェントでは，毎年，ケルト民族から1つが選ばれ，文化を披露することになっています．2005年に招待されたのはスペインのガリシア地方の民族舞踊団でした．演奏している楽器，流れるメロディー，身に着けている衣装や装飾品，軽やかにステップを踏む踊りはブルターニュのそれとそっくりでした．会場に集まった人びとの熱気がすごく，私自身，熱にうかされるように，ケルトの世界にどっぷりと浸ったのです．

　私はこのイヴェントに参加して気づいたことがあります．それは "ケルトは国境を越える" ということです．そもそもこのイヴェントは "世界中のケルト" が集まると言っても過言ではないのですから，すでに国境を越えているのですが，換言すれば，"ケルト" は既存の国民国家の枠の中に収まるものではないということになります．調べてみると，"ケルト文化圏" には，フランスのブルターニュをはじめ，スペインのガリシア，イギリスのスコットランド，ウェールズ，コーンウォール，そしてアイルランドなどが入ります．どうやらケルト文化の痕跡は

中欧から東欧にかけての諸地域でも確認することができ，ケルト文化圏がヨーロッパの広範囲にわたっていることがわかりました [9]．

　痕跡の一つがケルト語です．オーストリア西部に位置し，“ケルト文化発祥の地”とされる町にハルシュタットがあります．じつはハルシュタットの“ハル”は“塩”を意味するケルト語の“hall”なのだそうです．たしかにハルシュタットには岩塩の鉱山があります．では，ブレイス語ではどうでしょうか．調べてみると，ブレイス語で“塩”は“halen”とあるではないですか！　ここに，地理的には遠く離れているブルターニュとハルシュタットが“ケルト”をキーワードにして結びついたのです．

　ブルターニュにおけるブレイス語の起源を探ってみると，3 世紀から 8 世紀にかけてブリタニアから移住してきた人びとがブレイス語をもたらしたそうです．“ブリタニア”は英語で“ブリテン”，フランス語で“ブルターニュ”になります．つまり，ブレイス語はグレートブリテン島のコーンウォール地方の言語であるケルノウ語やウェールズ地方のカムリ語と非常に近い関係にあることがわかったのです．言語事典ではブレイス語はケルト語の下位区分である「ブリトニック諸語」として，ケルノウ語やカムリ語とまとめられていました [10]．

　社会学者の宮島喬は「ケルト世界」という表現を例にして「ヴァーチャルな地域」という概念を提示しています．それはメディアや人びとの「アイデンティティや想像力がつくる，領域性を越えた地域」を意味します [11]．そうだとすれば，ロリアンの“ケルト文化交流祭”は宮島の言う「ヴァーチャルな地域」が実体化した姿であるといえるのではないでしょうか．そこにはフランス，イギリス，スペインなどの国家は介在していません．“ケルト文化”だけが紐帯となっています．そして，それはケルト出自の人びとだけでなく，ケルト以外の出自や文化を持つ人びとにも広く開かれているのです．

　既存の国民国家は内と外を区別する国境を持ち，内部の人間集団を“国民”としてまとめて外部との差異を強調しました．それに対して，“文化圏”という空間は既存の国境を越えて，差異性ではなく共通性を強調しています．

　“ブルターニュはフランスではないのか？”という問いに戻りましょう．これまでのことでわかったことは，①ケルト文化の視点から見ると，ブルターニュはケルト文化圏を構成する単位である，②ケルト文化圏は国境を越えて存在するの

で，国民国家という枠組みはあまり意味を持たない，したがって，③ケルト文化圏においてブルターニュはフランスという枠組みに縛られることが希薄になるということです．文化という視点から“ブルターニュはフランスを越える”といえそうです．

7.5 おわりに

　本章では，ブルターニュのレンヌで得た体験から，“ブルターニュはフランスではないのか？”という問いを立てました．それに対して，歴史・言語・文化の観点から検証を試みてきました．検証の結果，“ブルターニュはフランスではない”とまではいえないものの，フランスとは一線を画した歴史や言語，文化を有しており，フランスとは区別しうる固有の存在であるとまではいえることがわかりました．そして，“文化圏”という視点からは，ブルターニュがフランスを越える存在であることもわかりました．

　冒頭で問いを立てるには“気づき”が必要だと記しました．日本には春夏秋冬という四季の移り変わりがあります．人びとはちょっとした気温や湿度の変化に気づいて衣替えをするなど，変化に合わせて生活も変えていきます．ある人は“なぜ季節には移り変わりがあるのだろうか？”という問いを立てるかもしれません．また，ある人は植物に目を向けて，“なぜ季節ごとに咲く花は異なるのだろうか？”という問いを立てるかしれません．また，食べることと季節の変化を結びつけ，“なぜ旬のものを食べるとおいしいのだろうか？”という問いを立てる人もいるでしょう．

　探究の過程は“問い”から始まります．そして，“問い”は“気づき”から始まります．“気づく”ことは“感じる”ことです．すなわち，“探究”にとって大切なことは“豊かな感性を磨くこと”というのが，“探究”に関する私の一つの答えになりそうです．

註

1)　多言語国家フランスを考察した文献として次のものを参照．三浦信孝編『多言語主義とは何か』藤原書店 1997．三浦信孝，糟谷啓介編『言語帝国主義とは何か』藤原書店 2000．なお，ブルターニュを事例に，国民国家の変容についてまとめたものとして次の文献があります．原聖「言語からみた国民国家の変容　フランス・ブルターニュ地方の事例を中心に」（梶田孝道，小倉允夫編『国際社会　3　国民国家はどう変わるか』東京大学出版会 2002 所収）．

2)　それぞれの著作は次のとおりです．中木康夫『騎士と妖精 ― ブルターニュにケルト文明を訪ねて ―』音楽之友社 1984．田辺保『ブルターニュへの旅　フランス文化の基層を求めて』朝日新聞社 1992．篠沢秀夫『もうひとつのフランス　地方は今……』白水社 1994 および『ぶるぶるぶる　ブルターニュ大好き ― 森と海の国 ―』近代文芸社 2009．なお，アンヌ・ド・ブルターニュについては，次の文献も参照．ミシェル・ナシエ「アンヌ・ド・ブルターニュ ― 二人のフランス王と結婚した王妃」（阿河雄二郎，嶋中博章編『フランス王妃列伝 ― アンヌ・ド・ブルターニュからマリー＝アントワネットまで』昭和堂 2017 所収）．山内淳「ブルターニュ公国の興亡」（小辻梅子，山内淳編『二つのケルト　その個別性と普遍性』世界思想社 2011 所収）．

3)　ピエール・ノラ編の『記憶の場』については，代表的な論考が次の 3 巻に邦訳されています．ピエール・ノラ編，谷川稔監訳『対立』岩波書店 2002．同『統合』岩波書店 2003．同『模索』岩波書店 2003．

4)　バレール演説については，次の文献に邦訳があります．「方言とフランス語の教育にかんする報告と法案（バレール）」（阪上孝編訳，コンドルセ他著『フランス革命期の公教育論』岩波書店 2002 所収）．なお，引用にあたって，ひらがなを漢字に改めるなど表記を一部改変しています．

5)　アンリ・ジオルダン「ブルトン語」（アンリ・ジオルダン編，原聖訳『虐げられた言語の復権　フランスにおける少数言語の教育運動』批評社 1987 所収）．なお，“ブルトン語”はフランス語の breton を基にした表記です．近年，言語名を自言語による自称表記することが定着しています．ブルターニュの自言語による自称が Breizh なので，本稿でも“ブレイス語”と表記しています．

6)　ケラヴェル，アルマン「抑圧から希望へ」（同前所収）p.37．なお，地域語を劣った言語として貶（おとし）めることはブレイス語以外の地域語に対しても行われました．また，日本でも沖縄における「方言札」を用いた「標準語励行運動」「方言撲滅運動」はよく知られています．

7)　疋田隆康『ケルトの世界 ― 神話と歴史の間 ―』筑摩書房 2022，p.11．「ケルト否定論」については，同著の pp.31-45．を参照．なお，ケルトに関する歴史や文化を取り上げた文献としては，同著の他に次の文献を参照．鶴岡真弓，松村一男編『図説　ケルトの歴史 ― 文化・美術・神話をよむ』河出書房新社 1999．小辻梅子，山内淳編，前掲書．木村正俊『ケルトの歴史と文化』（上・下）中央公論新社 2018．原聖『ケルトの解剖図鑑』エクスナレッジ 2022．

　　日本でケルト研究を牽引しているのが「日本ケルト学会」です．その成果は，研究大会で報告され，年 1 回発行される学会誌『ケルティック・フォーラム』に論稿として発表されています．会員向けには『ニューズレター』も発行されています．私も会員です．

8)　ロリアンのケルト文化交流祭については，次の文献を参照．武部好伸『フランス「ケルト」紀行　ブルターニュを歩く』彩流社 2003．

9)　この点については，木村，前掲書に詳しくまとめられています．

10) この点については，グランヴィル・プライス編，松本克己監訳，山本秀樹，佐々木冠，山田久就訳『ヨーロッパ言語事典』東洋書林，2003 の「ケルト諸語」の項を参照．

11) 宮島喬「序章 ― ヨーロッパにおける地域の創出，再編と地域問題のゆくえ」（宮島喬，若松邦弘，小森宏美編『地域のヨーロッパ　多層化・再編・再生』人文書院 2007 所収），pp.8-9.

読書案内

❶ 新谷尚紀，関沢まゆみ『ブルターニュのパルドン祭 ― 日本民俗学のフランス調査』悠書館　2008
　ブルターニュ各地で行われる祭祀儀礼であるパルドン祭を取り上げ，民俗学の立場から詳細な調査と分析を行っています．特殊ブルターニュ的なものもあり興味深い内容です．

❷ 千足伸行監修，SOMPO 美術館，福島県立美術館，静岡市美術館編『ブルターニュの光と風』ホワイトインターナショナル　2023

❸ 袴田紘代責任編集，国立西洋美術館，TBS テレビ編集『憧憬の地　ブルターニュ ― モネ，ゴーガン，黒田清輝らが見た異郷』TBS テレビ　2023
　❷はブルターニュのカンペール美術館の所蔵作品の展覧会図録です．
　❸はブルターニュを「憧憬の地」と見た「異郷」出身の画家たちの作品の展覧会図録です．

❹ 原聖『〈民族起源〉の精神史　ブルターニュとフランス近代』岩波書店　2003
　ブルターニュの歴史を"民族起源"から説き起こし，"ケルト"をキーワードとして中世から現代に至るブルターニュにおける地域文化の展開について考察しています．

❺ アナトール・ル゠ブラース著，後平澪子訳『ブルターニュ　死の伝承』藤原書店　2009
　著者が収集したブルターニュに残る民間伝承を集めた文献です．タイトルにあるとおり，全編に"死"が登場する，不気味さが漂うブルターニュの"怪談集"です．

❻ テオドール・エルサール・ド・ラ・ヴィルマルケ，山内淳監訳，大場静枝，小出石敦子，白川理恵訳，『ブルターニュ古謡集　バルザズ゠ブレイス』彩流社　2018
　著者がブルターニュ民謡の収集家であった母マリ゠ユルシュールの後を引き継いで収集した古謡集です．そこにはブルターニュの民間伝承や歴史に関するものも含まれています．

「ブルターニュはフランスではないのか？」外伝
― イスの都がよみがえるとき ―

本章で"ブルターニュはフランスではないのか？"という問いを検証してきましたが，じつはもう1つ隠し玉があります．それは口頭伝承からの検証です．

ブルターニュには数多くの口頭伝承が残っています．その中で，ブルターニュの人びとのフランスへの意識をうかがえるものが"パリの語源話"です．それはブルターニュのコルヌアイユ地方にあったとされる伝説の都イスの物語が背景になっています．その昔，イスの都が繁栄を謳歌していた時，パリはまだ発展途上の町でした．パリの人びとはイスの繁栄を耳にしていたのでしょう，"いつかは自分たちもイスの都の繁栄を超えるまでにこの町を豊かにしよう"と思いました．そこで，その願いを込めて自分たちの町の名前をParisにしたのだというのです．Parisはpar Isに由来します．すなわち，ブレイス語のparは前置詞で"～を超えて"という意味を持ち，Isはイスの都を意味します．つまり，Parisには"イスを超える"という意味が込められているというのです．パリにそこまで思わせるほどイスの都は繁栄していたのだというのが，ブルターニュで語り継がれる伝承なのです．そこにブルターニュの人びとのパリへの対抗意識を見ることができます．

イスの都を最も有名にしたのは"水没伝説"です．5世紀頃のことです．イスの都はドゥアルヌネ湾に面していました．海面より低い位置にあったため，海水の浸水を防ぐために水門がありました．当時，イスを治めていたのはグラドロン王でした．王は敬虔（けいけん）なキリスト教徒でしたが，その娘ダユは愛に溺れ，ふしだらな行為に耽る（ふける）女性でした．ある時，ダユは愛人にそそのかされて水門の鍵を王から盗み取り，水門を開けてしまいます．その瞬間，海水が一気に流れ込み，都は水没してしまったのです．王は聖グウェノレとともに脱出して助かりますが，ダユはイスの都とともに海の底へと沈んでいったのです．

ブルターニュには水没したイスの都が今でも海の底で生き続けているという口頭伝承があります．ル＝ブラースの『ブルターニュ　死の伝承』によると，ドゥアルヌネ湾の漁師が何かに引っ掛かった錨（いかり）をはずそうと潜ったところ，錨は教会の窓格子に引っ掛かっていたのでした．しかも，その教会には明か

りが灯り，中にはミサを行っている司祭と多くの男女がいたというのです．漁師は司祭が「ミサの答唱をしなさい」と侍者の子どもに言ったのを聞いたといいます．漁師たちはこの不思議な話を町の司祭に報告することに決め，教会へと出かけて行きました．すると，司祭は目撃した漁師にこう言ったのだそうです．

「お前さんが見たのは，イスの大聖堂じゃよ．もしお前さんが，おいらがミサの答唱をしましょうと，その司祭に申し出ておれば，イスの町はそっくりそのまま波間からよみがえり，フランスの首都は変わったはずなのじゃが」イスの都が海の底からよみがえるとき，フランスの首都は変わる！　ブルターニュの口頭伝承はそう伝えています．ブルターニュはフランスではない！　少なくとも人びとの意識にそれを読み取ることができます．それはブルターニュとフランスとの長い歴史的関係の中で形成された意識だということは間違いなさそうです．

終　章

探究は難しいのか？

小羽田　誠治

1　探究型授業における問題の所在

　正確なところはわかりませんが，日本の教育業界で"探究型の学び"という言葉が喧伝されるようになって，ずいぶん時間が経ったように思います．私自身，授業の方法は試行錯誤の繰り返しですが，いわゆる講義型でこちらが一方的に話すような授業は少なくなる一方です．主体性のない学びは本物ではない．これは私の教育経験からくる実感ですし，未来の教育へ向けての信念でもあります．

　しかし一方で，「探究型は難しい」という声もよく聞きます．学生にしてみれば，自ら考えて主体的に学ぶことの難しさ．教師にしてみれば，自分が教えずに学生の側から主体的な学びを引き出すことの難しさ．おおよそはこの二者に尽きるのではないでしょうか．

　ところで，一見すると両者は学生の主体的な学びという同じことを，立場を変えて言っただけ，とも思えますが，しかし面白いことに，その間には結構な断絶があるようにも思います．というのは，難しさを感じる多くの学生はおそらく探究するということがどういうことか，実感をもって理解していないのに対して，教師の側は（おそらく）理解しているにもかかわらず伝えられない，ということだと推察されるからです．教師は，おおよそどの分野の専門家であろうと，探究について語ることができ，たとえ分野が違っても他の教師の探究を理解することができます．それぞれの探究における苦楽が面白いほど伝わるのです．そこにおいては，何の難しさも存在しないといえます．

　もしかしたら伝え方は本質的な問題ではないのかもしれません．しかし「伝わ

らないのは学生の責任だ」と言いたいわけではありません．そうではなく，いかにして学生の側に伝わる素地を作るか，ということなのではないかと考えるのです．そのためには，何を伝えるのかという視点はいったんさておき，何が伝わらないのかをできるだけ正確に把握することが求められているように思います．そして，それこそが探究の難しさに当たるのでしょう．

　以下では，私のこれまでの教育経験を踏まえて，探究の一連のプロセスのなかで，その難しさはどういうところにあり，なぜ難しいのか，ということを探究していきたいと思います．あまり性急に解決策を出そうとするよりは，探究がうまくいかない要因を理解しようという意図です．ただし，一点だけ予め断っておきたいことがあります．私はこれまで学生のさまざまなレポート，つまり探究の在り方を見てきており，それを根拠として考察していくわけですが，その具体例をここで逐一挙げるのは 憚 られるので，やや抽象的な考察に終わっているところがある，ということです．その点は，「終章」という位置づけにも鑑みて，ご了承ください．

▌2　問いを立てることの難しさ

　私は講義等で常々「問いは学びの原動力だ」と語っています．しかし，自らの力で問いを立てるとなったとき，多くの学生が壁にぶち当たります．もちろん，その事実は十分に踏まえたうえで，本書も『「問い」から開く探究の扉』と題しているように，問いを大事にしています．そして，それぞれの執筆者が，多かれ少なかれ問いを見つける過程やその楽しさ，意義について書いており，これまで問うということを自覚的におこなってこなかった学生，あるいは問いがどれほどの価値をもたらすかなど考えてもみなかった学生にとっては，何かしら新たな可能性を開くものになることを，強く期待してやみません．しかし，このように書いた今をもってしてなお，「問いを立てるのは難しい」という学生の声が，聞こえてきそうでならないのです．ですから，ここでもう一度，問いを立てることに内在する難しさを整理しようと思います．

　まず，問いを立てるのが難しいと思うその大きな理由は，問いとはつまり"手ごろな大きさの問い"だからでしょう．我々がどのように"良い問い"を定義づ

けようとも，授業で求められている問いは“授業で解決できる問い”であり，そうでない問いは，少なくとも授業においては価値が低くなります．学生はそれを知っているし，授業において価値の低い問いをわざわざ授業において見つけようとはしないでしょう．つまり，たとえ問いが思い浮かんだとしても，それが授業という場において“手ごろではない問い”である可能性が高い，ということに難しさがあるといえそうです．

　“手ごろではない問い”とはどういうものかというと，1つには“すぐに解決してしまう問い”が考えられます．何か疑問が思い浮かんだとき，たとえその瞬間は答えがわからなくても，調べればすぐに正解が得られるようなものがあります．事実，世の中はわからないことだらけだといえる一方で，すでにわかっていることもたくさんあるともいえます．昨今よくいわれる「知識の集積は AI に任せればよい」という言葉は，「正しい知識はすでにたくさんある」という意味を含んでいるともいえます．

　もちろん，じつはそうした正解のなかにも，一般的に正解と考えられているだけで，疑う余地が十分にあるものもたくさんあります．また，そもそも大学では，高校までに教えられてきた定説を覆すような授業を展開する教師もたくさんいるでしょう．しかし，これまで先人が積み上げてきた知識に対して，仮にこれを疑うことは簡単だとしても，新しい何かを積み上げられる自信は，学生はなかなか持てないものではないでしょうか．調べてそれなりの答えを得て納得したら，別の問いを探すほうがリスクが少ないと考えるのも無理のないことです．

　逆に，“とても解決できるように思えない問い”を考えつくこともあるでしょう．人生や世界の根源に関わるような哲学的な問い，などがそうでしょうか．こういう問いは，先述したように“授業で解決できる問い”ではないと思われるため，却下されます．あるいはこうした問いに果敢にチャレンジする学生は，次節以降で述べる仮説や検証においての難しさにぶち当たることになってしまいます．教師の側としても，こうした大きな問いは大切にしてほしいと思う一方で，授業で扱いきれずに困ってしまう，ということにもなるでしょう．

　あるいは，解決できるように思えるかどうかは主観でもありますから，たとえ教師の側から見て“手ごろな問い”であっても，本人にとっては思いついたもののあまり興味が湧かなかったりして，却下されるケースもあるでしょう．

このように，学生が「これはいけそうだ」と思うものにたどり着くまでには，すでに数多くの障壁が存在しているのでした．

そして，このような障壁をかいくぐって運良く問いが定まったら，次なる難しさが待ち受けています．

▌3 仮説を複数思い浮かべることの難しさ

問いがある程度定まったら，いよいよ探究を実行に移していくわけですが，何から始めてよいか途方に暮れる，ということが起こるかもしれません．そんなときにはまず，仮説を立てるということを指導しています．問いに対して現時点で想定される答えを，間違っていてもよいのでとりあえず考えてみる，言い換えれば"答えらしきもの"を思い浮かべてみる，ということです．これはどんな問いに対しても有効ではないかと思います．というのは，探究の到達点は"自らが立てた問いに対して自らが答えを見つける"ことにあるので，"答えを見つける"ということは必ずおこなわなくてはならないからです．もし問いを立てた時点で"答えらしきもの"が見つかっているなら，それを手掛かりにしない手はありません．逆に，"答えらしきもの"が想像もつかない場合，それこそ途方に暮れてしまう可能性が高いです．これは前節で述べた"とても解決できるように思えない"という状態かと思いますので，もしそうであれば，問いから考え直したほうがよいでしょう．

ただし，今のところ答えらしきものは思い浮かばないが，答えを知る手段はわかる，というケースもあるにはあります．あの文献を調べればわかりそうだとか，この実験をしてみればわかりそうだとか，ですね．こういうときは，四の五の言わずにさっさと調べ（実験し）ろという考え方もありそうです．ですが，私はそれでもやはり仮説を立てるというプロセスは経験したほうがよいと考えています．今手持ちの情報でできるだけ答えを考える，という経験は，まさに思考力を養っているといえるからです．"教科書の正しい答えを覚えること"が学びだと考えている人にとっては，今後に向けてぜひ養っておくべき能力といえるのではないでしょうか．

仮説を立てるときに大事なのは，これを複数思い浮かべるということだと思

います．ゼロではいけないことはわかりますが，1つでも不十分だといえます．なんとなくいけそうだという問いを立てた先に待っている次なる難しさは，多分ここにあるでしょう．なぜ複数必要なのかと言うと，仮説は"間違っていてもよい"前提で考えるのに，1つしか思い浮かばないなら，もしそれが間違っていた場合，途方に暮れることになるからです．あるいは逆に，途方に暮れるのを嫌って"間違ってはいけない"という意識が芽生えて，その仮説が正しいということを強引にでも示そうとすることになります．これは正しい探究の態度ではありませんね．他にも，もし絶対に間違っていないとわかっているものを仮説として立てたなら……，それはもはや仮説でも探究でもありませんね．前節で述べた"すぐに解決してしまう問い"を探究しようとしていることになるのではないでしょうか．

　逆に言うと，正解を直接に知っているわけではないのに仮説が1つしか思い浮かばない場合，それは"答えを決めつけている"可能性があります．これはなじみのあるテーマを探究しようとしたときに起こりがちなことで，何かしらの先入観にとらわれているのかもしれません．あるいは，"素早く正解を見つける"ことが良いことだと考えているのかもしれません．そんなときには，こうした決めつけは自分の世界を広げることにはならないという点で，探究の効果は半減している，と考えることも必要でしょう．意外にも本命ではない仮説が有力だとわかったときこそ，自分の殻が1つ破れたように思うものです．

　単純に，問いに対する知識が不足しているため仮説が立てられない，ということも起こり得ます．この場合は問いを変えるのも一法ですが，もしどうしても関心のある問いであるならば，これを機に関連する知識を勉強するとよいでしょう．

　じつは，仮説を立てるにあたっては，知識と同時に視点あるいは手法を学ぶことも重要なのですが，ひょっとしたら，こちらのほうこそ不得手な人が多いのかもしれません．自らの興味・関心に基づいて知識を得るとなると，どうしても直接的な，狭い調べ方に陥ってしまいがちだからです．特に現代は学問分野が狭く細分化されており，それぞれによくある視点や有効な手法がある程度定まっているので，その分野を学んでいて与えられる問いであれば，比較的簡単に仮説を立てられるのかもしれません．しかし，学生自身が自由に問いを定めるとなる

と，必ずしも分野が特定されないので，なおのこと難しくなるのだと考えられます．たとえば，人間の生き方に関する「なぜそうする（してしまう）のか」という問いが発されるケースはとても多いのですが，"各人の主体的な行動"にしか目を向けないと，ほとんどの場合が"心理"からの仮説ばかりになってしまいます．そこでもし，人間の行動は社会的な制約を受けているのではないか，という発想を持つことができれば，社会学や歴史学，あるいは経済学などの視点から考えてみることも可能なのですが……．

このように，自らの興味・関心から問いを立てたとしても，それに対していろんな仮説を考え出すためには，やはり少なからぬ障壁があるといえます．

▎4　検証可能な仮説を立てることの難しさ

しかしながら，私の実感からいうと，最大の障壁は仮説と検証の間にあるようです．つまり，自らの設定した問いに対して，いくつかの仮説を立ててみたものの，それを根拠づけようとする段階になって，問題が露呈するのです．これには大きく2つのパターンが考えられます．まず，検証の仕方がわからない場合．次に，検証の仕方はわかるがとても実行できない場合．こうした問題がなぜ起こるかというと，単純に検証方法に対する認識不足であることも考えられますが，自らの立てた仮説に問題がある場合も多くあります．本節冒頭で「最大の障壁は仮説と検証の間にある」と述べたゆえんです．

ごく簡単にいえば，検証は，世の中にすでにある情報を入手するか，新たな情報を作り出すか，でおこないます．前節で述べた"文献を調べる"ことが前者の代表格で，"実験する"ことが後者の代表格といえるでしょう．検証の仕方がわからない場合，まずはどちらの方法でいくかを判断することになります．どちらの方法がよいかは仮説によりますが，自らの仮説を見れば，そこは比較的容易に見当がつくのではないでしょうか．ただし，これは私個人の意見になるかもしれませんが，前者で解決できる場合には，なるべくそのほうがよいでしょう．後者は，次節にて詳しく説明しますが，錯覚を生みやすいからです．すなわち，検証の仕方がわからないときは，まずは関連する文献を探すことから始める，ということになるわけです．すでにある情報を入手することで検証する，という方法

が難しそうな場合やそれだけでは十分ではない場合は，新たな情報を作り出すという手段を用いることになります．

　このように，どのようなタイプの検証が必要なのかはわかるかと思いますが，しかしそれだけで検証の段階に進んでうまくいくとは限らないのです．というのは，具体的にどんな検証をおこない，どんな結果が出たらよいのか，まである程度想像できないと，実際に検証をおこなうことが難しい可能性があるからです．そして，私の経験上その可能性は決して低くありません．

　まず，文献を調べることで検証しようと考えた場合，最低限何かしらの書籍あるいは論文あるいはインターネット上の（信頼できる）記事にたどり着く必要があります．漠然と"文献を調べる"では何も進まないのです．ここから一歩前進するには，どういう検索をするのか，を明確にしなくてはなりません．より具体的には，キーワードをピックアップする，ということです．

　仮説の検証に使えそうな文献が見つかったら，少しは前進したことになりますが，まだ不十分です．それはあくまで"使えそう"というレベルだからで，実際に使えなかった場合に困るからです．その際，使える確率を少しでも上げるために文献の数を増やしておくことは，補助的な手段としては意味がありますが，それはここで私が指摘したい本質ではありません．"どんな情報が書かれてあれば検証に使えるか"ということをできるだけ具体的に思い描けないと，いざ調べたところで，結局やはり途方に暮れてしまうのです．検証方法をどこまで具体的に考えられるか，というところに難しさがあるといえます．

　同様に，実験によって検証しようする場合は，"どんな実験"をして"どんな結果"が得られたらよいのかを具体的に思い描けないといけない，ということになります．実験をしようと考えたのであれば，"どんな実験"かは思い浮かんでいると思いますが，"どんな結果"になるのかまである程度想定しておかないと，やってみたところで途方に暮れてしまうでしょうし，そもそもその実験をするべきだったのか，ということにすらなり得るのです．

　もちろん，検証に必要な情報の量や性質は，仮説によります．しかしとにかく，自分の仮説を検証するのにどんな情報が必要か，それがわからないと，その仮説はただ思い浮かべただけの非現実的なものだったということになり，解決に近づけないのです．

5　十分に検証することの難しさ

　「仮説は立った．それを検証する方法も思いついた」というところまできても，まだ障壁は待ち構えています．「本当にそれで検証できているのか？」という問題です．とても検証できたとはいえないような根拠で，"検証できたと錯覚してしまっている"というパターンです．現実には，"検証できていないと知りつつできたふりをする"というパターンも大いにあり得ますが，それにはここでは触れないことにします．

　思い描いた検証方法が具体的であればあるほど，それがうまくいけば"本当に"仮説を検証したことになっているのかを，いざ検証をおこなう前に考えることができます．それができたなら無駄な検証作業をする必要がなくなるので，ぜひとも徹底させましょう．しかし，特に文献調査による検証を考えている場合には，仮説にあいまいさの残る状態で"とりあえず調べてみる"こともあるでしょう．そうなったときにも，本当に検証できたと言えるラインの見定めにまた難しさがあるのです．

　自分が集めた情報で仮説は検証されたかどうか，より根本的には，どんな情報からどんな結論を導き出せるかは，多くは論理の問題といえるでしょう．その論理が欠如していると，筋の通らない無理矢理な結論を出したり，あるいは逆に十分な情報を持ちながらそれを活かしきれずに結論が出せなかったり，ということが起こります．

　もっとも，この"論理の力"は，これまでの「仮説を複数思い浮かべる」や「検証可能な仮説を立てる」ときにも必要でした．これは，「なぜその仮説が検証されたら問いが解決するのか」を論理的に説明できないと，仮説そのものに意味がなくなってしまうからです．ただ，そこはある程度"直感の力"も借りながら"とりあえず仮説を立てて検証してみる"段階に進めるほうが，そこで逡巡するより良いケースも多いと考えられます．しかし，実際に情報を得たあとであれば，それを結論に向けて構成していくためには，"論理の力"が不可欠なのです．

　また，これと同じくらい重要なことに，もし仮説を検証してみたところ，思

わしい結果が得られなかった場合，そこから軌道修正できるかどうかも，やはり"論理の力"なのです．仮説から検証にかけてのどのプロセスに問題があったのか，どこを修正すれば前進しそうか，論理的に考えることで，次につながっていくのです．

　このように，問いを作り，仮説を立て，検証をしてみたものの，それで問いが解決したといえるか ── 解決していないならどういう問題があるか ──，という最終判断においても，一筋縄ではいかない難しさがあるようです．

‖ 6　まとめ ─ 探究は総合力 ─

　今さら言うまでもないのかもしれませんが，こうしてみると，探究を成功させるためには，いかに多くの障壁を切り抜ける必要があるか，言い換えれば，いかに総合的な力が必要かがわかります．しかも，厄介なことには，最初に設定した問いが手ごろだったかは，最終的に検証までうまくいってはじめて実感できる，という結果論的な側面があることです．

　問いを作るだけなら簡単です．仮説を思い浮かべるだけならまだしもできます．それが検証可能かどうかを考えると急に難しくなり，実際に検証してみたら全然うまくいかなかった，ということは日常茶飯事です．しかし，こうした一連のプロセスを経験しない限り，"手ごろな大きさの問い"は見つからず，探究は成功しないのです．なんという苦行，なんという学習者泣かせの課題でしょうか．

　しかし，逆に言うと，着実にであれ偶然にであれ，自らの力で探究を成功させたとき，そこには多くの学びが詰まっているということです．いわば，バラバラだった手法や知識が相互につながり，一つの体系的なループが完結したのです．何が"自分にとって"手ごろな問いか，この感覚が少しでもつかめれば，問いを持つことに前向きになれるでしょう．仮説から検証に至る"自分なりの方法"を持てれば，情報の活用の仕方がわかり，知識を得ることの意味を実感することになるでしょう．そして，そのうえで他者の経験に触れたなら，これを自分の文脈に位置づけることができ，応用可能なものとなるでしょう．

　そうなったときにはじめて，学生は"主体的な学び"というものを理解するの

だと思います.

　本章で設定した問いは「探究は難しいのか？」でした.

　結論は,「難しい」です. その理由は, 探究の一連のプロセスにそれぞれの難しさが潜んでいるから, ということに加えて, その難しさすべてを乗り越えないと真の意味で探究したことにはならないからだと考えるからです. 教師は, この難しさを理解し, すべてをクリアできるように導く必要があります. 学生の立場からは, 自らの探究の体系的なループを完結させるという経験を少なくとも 1 回はしないことには, 他者の探究を十分に理解することは難しいのだろうと思います.

　本書の各章は, これから探究を始める者の立場にできるだけ寄り添って書かれたものですが, 読者自身の探究を成功させることに寄与するものになっていることを願います. そして, この多様な探究論や探究の在り方のなかに, 読者の指針となるものがあれば, 幸いです.

あ と が き

　今，時代が大きく変化しています．とはいえ，それがどのように変わっているのかを明確に語ることは難しいでしょう．しかし，私たちはこのカオスにも似た時代状況の中でしっかりと生きていかなければなりません．では，どうやって生きていくべきでしょうか？

　本書はこのような問題意識を持った研究者による"回答"の書です．執筆者はいずれも宮城県仙台市に位置する宮城学院女子大学で教鞭を執っています．私たちは日々の教育活動を通じてさまざまな"悩み"を抱えた学生たちの姿を見てきました．"悩み"は解決しなければならないが，どうやって解決したらよいのか．とくに，学生たちの"悩み"の種になっていたのが卒業論文でした．この"悩み"は私たち教員にとっては看過できない大切な問題です．

　卒業論文は大学生活の集大成として位置づけられます．その道のりはビートルズの代表曲のタイトルを借りれば"Long and Winding Road"（長く曲がりくねった道）です．そもそもどうやってテーマを見つけるのか．まずはそこからです．

　テーマが見つかったら，それを検証するための作業が始まります．

　でも，どうやって調べればよいのか．調べに着手しても，作業を進めていく過程でさらに疑問が湧いてきます．さらに調べていきます．ようやく結論が見えてきても，最後には文章にまとめる作業が待っています．

　では，どうやって書けばよいのか．このように卒業論文の作成過程は"悩み"の連続です．それを1つひとつ丁寧に乗り越えていくことでゴールに近づいていきます．

　私たちは，議論を重ねた結果，"探究"というキーワードに到達しました．卒業論文作成のプロセスはまさに"探究"のプロセスであるといえるでしょう．本書の終章にあったように，"探究"は決して簡単なものではありません．

　しかし，大学生活のクライマックスとして卒業論文の作成に取り組むという
"探究"のプロセスは，自身の思考力を鍛えるとともに，大袈裟かもしれません
が，不確実で不透明な今という時代を生き抜く力を身につけることになるのでは
ないかと考えたのです．そして，そのスタートラインに位置するのが"問い"で
あると考えました．"問い"の大切さは大学生活4年間だけではなく，卒業後の
長い人生においても一貫して変わらないものです．

　本書は決して卒業論文作成に向けたスキルを提示するものではありません．
それよりも"なぜ，そのような問いがうまれたのか"，その"問い"を"どのよ
うに検証するのか"に力点を置いて，執筆者それぞれの体験をまじえながら編ん
だものです．"失敗は成功の基"という 諺 のとおり，あえて"失敗談"も記し
ました．その点では，今まさに卒業論文に取り組もうとしている学生だけでな
く，入学したばかりの新入生の皆さん，これからの時代を生き抜くために必要不
可欠となるであろう"探究"という知的営為に関心がある皆さんに手に取ってい
ただき，それぞれの章から，皆さんが"探究"することのおもしろさ，楽しさ，
苦しさ，そして何よりもその大切さを受け止めていただければ幸いです．

　私たちの試みが成功したか否かは読者の皆さんの御判断に委ねますが，ぜひ
忌憚のない御意見をいただき，本書が投じた一石がさらに大きな輪となって"探
究"の世界を豊かに広げていくことを願ってやみません．

執筆者を代表して　今 林 直 樹

◆編著者略歴

≪編者≫

今林　直樹　（いまばやし　なおき）【執筆：7 章】

　生　　年：1962 年
　最終学歴：神戸大学大学院法学研究科後期博士課程
　主要業績：『沖縄の歴史・政治・社会』（大学教育出版 2016 年）
　　　　　　『地域の構築・記憶・風景 ― 沖縄・ブルターニュ・バスク―』（晃洋書房 2020 年）

≪執筆者≫（執筆章順）

末光　眞希　（すえみつ　まき）【執筆：序章】　宮城学院女子大学元学長

　生　　年：1953 年
　最終学歴：東北大学大学院工学研究科博士課程
　主要業績：『量子力学基礎』（共著／朝倉書店 2007 年）
　　　　　　『工学系の物理学基礎』（共著／共立出版 2021 年）

田中　一裕　（たなか　かずひろ）【執筆：1 章】

　生　　年：1964 年
　最終学歴：北海道大学大学院博士後期課程
　主要業績：『耐性の昆虫学』（共編著／東海大学出版会 2008 年）
　　　　　　『昆虫の低温耐性―その仕組みと調べ方―』（共編著／岡山大学出版会 2010 年）
　　　　　　『昆虫の時計―分子から野外まで―』（共著／北隆館 2014 年）

小羽田　誠治　（こはだ　せいじ）【執筆：2 章，終章】

　生　　年：1975 年
　最終学歴：東京大学大学院人文社会系研究科博士後期課程
　主要業績：「『橄欖』成立の歴史とそこに見る生徒の「自主」」『宮城学院資料室年報「信・望・愛」』
　　　　　　（2023 年）
　　　　　　「中国は山水画に何を求めたのか―「気韻」と写実性を中心に―」宮城学院女子大学人文社
　　　　　　会科学研究所編『文化における〈風景〉』（翰林書房 2016 年）
　　　　　　「南洋勧業会の実態と清末における近代化政策の限界」『集刊東洋学 104』（2010 年）

松本　周　（まつもと　しゅう）【執筆：3 章】

　生　　年：1974 年
　最終学歴：聖学院大学大学院アメリカ・ヨーロッパ文化学研究科博士後期課程
　主要業績：『スピリチュアルケアの実現に向けて』（共著／聖学院大学出版会 2013 年）
　　　　　　「柏木義円における祈りと社会批評との関係理解」宮城学院女子大学『キリスト教文化研究
　　　　　　所研究年報　55 号』（2022 年）
　　　　　　「植村正久と P.T. フォーサイスの祈祷論― 日本の教会における祈り理解の問題」日本
　　　　　　ピューリタニズム学会『ピューリタニズム研究　6 号』（2012 年）

渡辺　圭佑　（わたなべ　けいすけ）【執筆：4章】
　　生　　年：1985年
　　最終学歴：順天堂大学大学院スポーツ健康科学研究科博士前期課程
　　主要業績：『若年女性における Phase angle と体力の関係 ─ Association of bioelectrical　phase angle with physical fitness in young females』渡辺 圭佑，丹野 久美子，青木 拓巳，西田 理絵，田中 一裕（生活環境科学研究所研究報告 55 1-7 2023年）
　　　　　　　「陸上競技 4×100m リレーにおけるバトンパス技術向上へのデータ活用 ─ 東京 2020 オリンピック大会前の練習における事例 ─」『Journal of High Performance Sport 10』（松林武生，小林海，山中亮，大沼勇人，渡辺圭佑，山本真帆，笠井信一，図子あまね，土江寛裕 107-124 2022年）
　　　　　　　『本学女子学生における Phase angle と跳躍高の関係』（渡辺圭佑，青木拓巳　宮城学院女子大学研究論文集 （134） 77-85 2022年）

栗原　健　（くりはら　けん）【執筆：5章】
　　生　　年：1974年
　　最終学歴：フォーダム大学史学部博士後期課程，ユニオン神学校博士前期課程
　　主要業績：Celestial Wonders in Reformation Germany（London: Pickering & Chatto, 2014）
　　　　　　　「気候変動とプロテスタント信仰 ─ 近世ドイツにおけるルター派聖職者の『嵐の説教』─」『人文研紀要』中央大学　84　pp.67-83 2016年
　　　　　　　「バルタザール・シューマンによる『2つの森林説教』（1607年）：近世ドイツにおける環境神学の先駆」『キリスト教文化研究所研究年報：民族と宗教』宮城学院女子大学　51　pp.53-69 2018年

戸野塚　厚子　（とのづか　あつこ）【執筆：6章】
　　生　　年：1960年
　　最終学歴：筑波大学大学院人間総合科学研究科博士後期課程
　　主要業績：「日本とスウェーデンの往還，そしてその向こう側 ─ 教育学における旅 ─」『〈往還〉の諸相』（共著／翰林書房 2021年）
　　　　　　　『スウェーデンの義務教育における「共生」のカリキュラム ─ "Samlevnad" の理念と展開 ─』（明石書店 2014年）
　　　　　　　「スウェーデンの「共生」のための義務教育課程に関する研究 ─ 1980 年ナショナル・カリキュラム作成過程に焦点をあてて ─」『カリキュラム研究 18 巻』（pp.43-55, 2009年）

「問い」から開く探求の扉

2024 年 4 月 10 日　初版第 1 刷発行

■ 編 著 者 ——宮城学院女子大学「探究」研究会　今林直樹
■ 発 行 者 ——佐藤　守
■ 発 行 所 ——株式会社 **大学教育出版**
　　　　　　　〒 700-0953　岡山市南区西市 855-4
　　　　　　　電話（086）244-1268　FAX（086）246-0294
■ 印刷製本 ——モリモト印刷 ㈱

ISBN978－4－86692－295－9